마키아벨리의 군주론

EBS 오늘 읽는 클래식

마키아벨리의 군주론

통치자는 어떻게 권력을 얻고 유지하는가

한국철학사상연구회 기획 | 이정은 지음

EBS BOOKS

서문

군주가 통치하지 않는 시대에 태어난 사람이, 마치 군주의 정치적 역할과 지위를 옹호해야 하는 퇴행적 책무를 떠안은 것처럼 몇 달의 시간을 마키아벨리를 위해 쏟아부었다. 이 말을 듣는 순간, 필자가 그동안 지루하고 답답한 시간을 보냈으리라 예단하면서 안타까운 위로를 전하고 싶은 독자도 있을 것이다.

이 책의 집필은 처음부터 그런 따뜻한 위로에 미리 보답하겠다는 심정으로 시작했다. 마키아벨리가 책의 이면에 숨겨놓은 진취적이고 재기 발랄한 착상을 발견하는 기쁨을 독자가 어떻게 하면 누릴 수 있을까 하는 초발심을 첫 문장부터 마지막 문장까지 가득 채워넣고 싶었다.

선대인이 남겨놓은 고전들 가운데 저자의 진의가 『군주론』

만큼이나 심하게 왜곡된 것도 없을 것이다. 마키아벨리는 몇 세기를 앞서서 인간의 행동 양식과 학문적 분화 과정을 예지한 근대적 선구자다. 남들보다 훨씬 빠른 선구자로서 역할을 수행하려면, 때로는 거기에 동반되는 반시대적 파장을 더 신랄하게 겪어내야 한다. 마키아벨리는 그 파장을 충분히 견뎌냈다. 그 고단함에서 마키아벨리를 이제는 해방해주어도 되지 않을까? 특히 『군주론』을 중심으로 퍼져나갔던 편견을 거둬내고 새롭게 접근하는 기쁨을 증폭하는 것이 어떨까?

이 책을 쓰는 내내 마키아벨리가 노골적으로 천명하는 무자비한 군주상과 잔인한 역량에 경악하기보다는 경악의 이면에 숨겨놓은 행간을 부각하려고 노력했다. 행간을 발굴해내겠다는 단호한 결단력을 발휘하는 자가 마키아벨리의 양면적이고 양가적인 지평에 도달하기 때문이다. 그 단호함이 『군주론』에서 강조하는 '역량'이기도 하다.

마키아벨리는 메디치 가문의 통치자에게 이탈리아 반도의 안전과 평화를 견인해내려면 피렌체 군주국과 이탈리아 군주국을 건설하는 '역량'을 발휘하라고 요구한다. 그런데 피렌체 군주국이 진정으로 안전과 평화를 실현하려면 인민에게 평등과 자유를 누리게 하겠다는 의지를 지니지 않고서는 불가능하다. 군주가 자신의 정권을 오래 유지하려면 인민의 호의를 획득해야 하기 때문이다.

군주의 통치를 지속하려면 인민의 호의를 획득하려는 의지를 포함하는 '군주의 역량'이 필요하듯이, 인민에게도 군주를 그런 사람으로 이끌겠다는 결단이 필요하다. 그 결단이 바로 피렌체가 지속적으로 축적해온 인민의 주체적 역할이면서, 마키아벨리가 기대하는 '인민의 역량'이다.

그런데 『군주론』을 앞에 두고서 '불현듯' 군주와 인민의 상호작용 내지 역지사지를 언급하는 이유가 무엇인가? 동일한 시공간에서 같은 언어로 대화를 나누어도 특정한 단어나 문장의 의미를 다르게 이해하는 해석의 다양성에 필자도 깊이 공감하기 때문이다.

이 책의 초고를 완성한 다음에 머리도 식힐 겸하여 영화관 나들이를 했다. 칸 영화제에서 감독상을 수상해서 그런지 박찬욱 감독의 〈헤어질 결심〉을 여전히 상영하고 있었다. 마키아벨리와 아무런 관계도 없는 영화이지만, 상영이 끝난 다음에 불현듯 마키아벨리의 능청스러운 초상화 얼굴이 스쳐 지나갔다. 마키아벨리는 『군주론』에서 군주의 무자비한 행동과 처신 방법을 참으로 진지하게 제안하지만, 그 진지함을 반전하는 장난기를 어디에 숨겨놓았다가 갑자기 수면으로 밀어 올리는 순간을 선사하는 듯한 표정을 짓는다.

영화 〈헤어질 결심〉에서 여자 주인공(탕웨이 분)은 한국계 중국인이고, 한국으로 밀항하는 데 성공해서 암벽 등반을 좋아하는 남편을 만나 살고 있다. 어느 날 남편이 등반을 마친 후에 암벽에서 떨어지는 사고사를 당하자, 남자 주인공인 형사(박해일 분)가 그 부인에게 남편의 사망을 알리면서 대화가 시작된다. 형사가 남편의 사망에 대해 말하자 그 부인은 담담하게 "마침내, 죽었군요"라고 대답한다. 남편의 죽음을 받아들이는 심정을 표현하는 부사가 참으로 독특하고, 참으로 어색하다. 그녀는 한국어에 익숙하지 않아서 상황에 맞지 않는 부적절한 부사를 사용한다.

그러나 영화가 모두 끝난 다음에 두 사람의 대화로 다시 되돌아가 보았더니, 그 어색한 단어가 사실은 남편이 죽기를 바라던 부인의 마음을 가장 적확하면서도 가장 예리하게 표현하는 부사로 반전된다. 부인의 대답은 한국어에 익숙하지 않다는 점을 활용해 관객을 재치 있게 속이는 복선으로 둔갑한다. 한국어가 서툰 상황에서 진지하게 남편의 죽음을 받아들이는 표현이면서 동시에 우발적으로 자신의 죄를 고백하는 자기 조롱이나 마찬가지다.

은유적으로 표현하면 마키아벨리는 그런 재치와 조롱에 익숙한 다재다능한 작가였다. 그는 진지하게 자신의 생각을 표현하는 것처럼 보이는 곳에서도 오히려 농담과 재치를 불러일으키는 여러 유형의 문학 작품들을 발표했다. 그 작품들이 르네상스를 빛나게 하는데, 한두 단어를 어떻게 사용하고 어떻게 해석하는가에 따라서 가치 평가를 바꾸게 하는 기예가 두드러진다.

마키아벨리의 『군주론』을 재해석하면서 그의 진지함과 해학을 동시에 저울 위에 올려놓고서 묘한 반전을 보여주고 싶었지만, 필자가 그의 뛰어난 재치를 충분히 그려내지 못한 탓에 독자를 더 즐겁게 하지 못해서 아쉬울 따름이다.

미력하나마 1장에서 시도한 해석 의도를 2장에서 『군주론』을 분석하는 내용과 유기적으로 연결하면서 승부수를 던져보았다. 그 속에서 필자의 속내를 효과적으로 표현하기 위해 마키아벨리의 원전을 2장에서 인용할 때마다 다소 의역을 하거나 윤색을 했다. 이로 인해 마키아벨리의 진의가 독자의 마음에 조금이라도 더 친숙하게 가닿기를 희망한다.

2022년 늦가을

이정은

차례

3장 철학의 이정표

일러두기

이 책에서 인용한 마키아벨리의 『군주론』은 다수의 국내 번역본을 참조하되 저자가 직접 번역했다.

1장

공화정의 주춧돌을 놓는 군주

말도 많고 탈도 많은 『군주론』을 들추어라

서가에 꽂혀 있는 흥미로운 책들을 무수히 제쳐내면서 『군주론』(1513~1514, 1532)을 집어 드는 독자는 어떤 호기심에 이끌리는 것일까? 의식적이든 무의식적이든, 이 책에서 자신의 삶을 개선하는 조언과 위안을 기대하는 그 누구라도 세인들이 마키아벨리(Niccolò Machiavelli, 1469~1527)에게 투사하는 선입견에서 전적으로 자유롭지는 못할 것이다.

마키아벨리에 대한 평전과 『군주론』을 둘러싼 주석서들은 몇 세기에 걸쳐 봇물처럼 쏟아져나왔고, 그 과정에서 '마키아벨리'라는 고유명사를 변형해 '마키아벨리즘'이라는 일반명사가 만들어졌다. 감성적 독자의 시선으로 『평전 마키아벨리』를 출판한 마이클 화이트에 따르면, '마키아벨리주의'라는 신조어가 "정치나 일반적 행동에서 이중적 태도를 취하는"이라는 의미로 1569년에 영어 사전에 추가되었고, 그 여파로 『군주론』이 영어로 번역되는 1640년 즈음에는 마키아벨리가 실제로 악마와 똑같이 생겼다는 오해도 확산했다.

게다가 소설의 등장인물로 마키아벨리를 직접 거명하는 사례도 나타나고, 셰익스피어의 비극 작품들에는 마키아벨리즘을 연상시키는 인물들이 넘쳐난다. 특히 『오셀로』의 이아고나 『햄릿』의 포틴브라스는 '마키아벨리주의의 전형'으로 간주되는 언행을 계속한다. 문학적 파급 효과가 커지면서 '마키아벨리주의자'라고 자칭하는 사람들은 권모술수를 부리는 책사가 이거나 출세하기 위해 수단과 방법을 가리지 않는 모사꾼이라는 혐의를 뒤집어쓰게 된다.

저자의 인격과 책의 관계

세인들의 반응과 달리, 마키아벨리는 그의 조국 '피렌체 공

문학작품 속에 나타나는 마키아벨리

문학 작품에서 마키아벨리의 이름을 부정적으로 직접 거명하는 영국 작가는 17세기 초엽의 셰익스피어다. 그러나 17세기 후반에 들어서면 마키아벨리의 삼부작을 비교하는 과정을 거치면서 오히려 그를 옹호하는 작가들도 등장한다. 제임스 해링턴(『오세아니아 공화국』, 1656)과 앨저넌 시드니(『정부 관련 논문』, 1698)가 긍정적 태도를 취하기 시작한다.

화국'이 분쟁에 휩싸이지 않도록 하는 외교 사절의 임무를 띠고서 밤낮으로 주변 강대국들을 향해 내달렸고, 이탈리아의 소도시들을 노리는 체사레 보르자(Cesare Borgia, 1475~1507)와 같은 전범과 중재하려고 긴박한 사투를 벌였다. 그의 일상사를 진지하게 들여다보는 독자라면 아마도 마키아벨리와 마키아벨리즘을 확연히 구분할 수 있을 것이다. 마키아벨리라는 이름에 들러붙는 부정적 이미지의 책임은 '그의 인격'이 아니라 '그의 책'에 전가해야 한다.

그러나 책은 저자의 분신이 아니던가? 문헌학자나 해석학자는 그들이 분석하는 책이 자서전이 아닌 경우에도 원전의 구절에 집착하면서 저자가 어떤 개성과 정신세계를 지녔는지를 총체적으로 파악하려고 노력한다. 이들은 문학작품까지 헤집어 가면서 저자 자신도 의식하지 못하는 심리 상태를 발굴

마키아벨리의 재기 발랄한 젊은 시절의 초상화와 『군주론』의 표지(1550).

해내거나, 그러한 개인적 개성을 활용해 당대 정신문화와 시대 정신을 읽어내는 데까지 나아간다.

독자들이 『군주론』을 심독하면서 저자의 인격과 정신세계를 가늠하는 비평을 하는 것도 그리 이상할 것은 없다. 그러나 동양의 『논어』나 『맹자』에서처럼 학문을 습득하는 동시에 성인군자의 도리를 체득한다는 식으로 『군주론』을 해석할 수는 없는 노릇이다. 그럼에도 『군주론』은 '저자의 인격'을 '저술의 내용'과 등치하는 환원론을 반성도 없이 겪어야 했고, 마키아벨리는 아직도 유사한 추문에 시달리고 있다.

역설적이지만 추문의 강도가 때로는 저작의 인기를 실증하는 바로미터가 되기도 한다. 마키아벨리는 살아생전에 이 책이 '부당한 오해'와 더불어 마르지 않는 '경탄의 보고'가 될 것임을 짐작했다. 아마도 그는 사후에 단테의 『신곡』에 나오는 지옥문 앞에 서서 역량을 지닌 '용감한 사람'만 들어가는 입장권을 획득했다고, 달리 말하면 머저리 같은 겁쟁이는 들어가지 못하는 '지옥행 입장권'을 획득했다고 '당당하게' 조소를 날리는 자작시 한 수를 읊어댔을 것이다.

근대적 학문성에 대한 선취

마키아벨리에 대한 평가를 둘러싸고서 옥신각신하는 논쟁들은 근대적 학문 분화가 뚜렷해질수록 『군주론』의 현실적 효력에 더 주목하게 만든다. 이 책의 사이사이에는 근대 정치학의 독자적 위상을 정립하는 복안이 숨겨져 있기 때문이다. 게다가 그가 발굴해내는 인간 행동의 일반적 원리는 역사 철학적 실마리도 내비친다. 이런 측면은 『로마사 논고』라고도 번역되는 『리비우스 논고』(1515~1518, 1531)를 비롯해, 그를 역사가로도 우뚝 세워주는 『전술론』(1521)이나 『피렌체사』(1525, 1532)를 통해서 더 자세하게 확인할 수 있다.

『군주론』은 『리비우스 논고』와 『전술론』으로 이어지는 삼부작 가운데 시기적으로 첫 번째에 해당한다. 그는 이 책에서 국가의 안전과 평화를 지켜내는 수장으로서 군주의 역할에 초점을 맞추면서 국내 정치의 성격과 인민의 성향을 조율하는 방법을 구체적으로 전개한다. 때로는 암중모색하는 심정으로 책의 논조를 따라가면 근대성을 예비하는 관점이 분명하게 드러난다. 그는 정치학을 개별 학문으로 구축하는 발상을 내포하고 있는데, 그것을 개진하는 원동력은 고대적 관점을 근대적으로 재구성하는 르네상스적 사고방식이다.

근대 사상은 중세 시대에 만연한 정교일치의 문제뿐 아니라 모든 학문을 신학의 시녀로 간주하는 가톨릭이 낳는 폐해를 비판하는 것과 연관된다. 근대 철학의 시조인 데카르트(René Descartes, 1596~1650)는 『방법서설』이나 『성찰』에서 신과 영혼의 존재 여부에 도전장을 던지는 데서 그의 인식론을 시작한다. 물론 같은 근대인이기는 해도 마키아벨리는 종교를 근본적으로 거부하는 도전장을 던진 적은 없다. 그러나 로마 교회는 주변 강대국과 동맹 관계를 형성하면서 이탈리아 반도의 도시국가들을 전운에 휩싸이게 했고, 피렌체 정권은 로마 교회의 야심 때문에 어려움에 처하곤 했다. 로마 교회가 마키아벨리의 조국을 혼란과 위기에 빠뜨리기 때문에 그는 우회적으로라도 가톨릭을 비판하는 방법을 찾아내려고 하는 과정에서 고대적 모델에 주목한다.

주변 강대국들은 로마 교회와 합작해 피렌체 공화국의 영토와 재정을 호시탐탐 노려왔기 때문에 피렌체는 자주권을 지켜내는 일이 언제나 아킬레스건이었다. 마키아벨리는 『군주론』에서 외세의 개입으로 인해 피렌체가 요동치는 구조에서 벗어나려면 피렌체의 저급한 정치 문화와 시민들의 부패한 의식을 바꿔야 한다고 절치부심한다. 그의 선구적 혜안은 내부 정치와 외부 동맹 간의 상관성을 반영하는 '군주의 처신 방법'에서 뚜렷하게 정리된다.

이런 내용들과 관련해 『군주론』에 대한 연구는 국내에서 폭넓게 진행되어왔다. 마키아벨리를 "르네상스의 피렌체가 낳은 이단아"라고 규정하는 김경희의 이탈리아 여행기에서부터, 자유와 공화제를 강조하는 셸던 월린(「마키아벨리의 정치사상」)이나 퀜틴 스키너(『마키아벨리』)의 해석을 전문적으로 활용하는 강정인이나 곽차섭의 연구, 한국적 상황을 고민하면서 나온 박홍규의 저서와 무수히 많은 번역자들의 소개를 통해 『군주론』이 내포하는 행간이 계속 발굴되고 있다. 그 흐름을 따라서 전면에 부각해야 하는 마키아벨리의 진심이 여러 각도로 존재한다.

세 갈래로 뻗어나가는 마키아벨리의 진심

조국의 안전과 외교력을 강화하는 문제에 골몰한 마키아벨리의 간절한 염원에 귀를 기울이면, 그가 공명심에 휩싸여서 피렌체 사회의 공공선을 실현하려고 혼신의 노력을 기울인 세부 의도들이 튀어나온다. 마키아벨리의 진심에 가까이 다가가려면 그 의도들을 유기적으로 연결하는 통합적 해석이 필요하다.

첫째, 『군주론』은 공직에서 추방된 사람이 새로 들어선 정부에서 재취업을 하기 위해 작성한 우회적 자기 소개서가 아닐까? 혹자는 이 책을 입신양명을 꿈꾸는 자가 사적 공명심을 이루기 위해 당대 권력자에게 바치는 처세서로 간주한다.

마키아벨리는 소데리니(Piero Soderini, 1450~1522)가 이끄는 공화정(1498~1512)에서 제2서기장이라는 중책을 맡았다. 그런데 메디치 가문이 소데리니 공화정을 밀어내고 과두정 내지 군주정(1512~1526)을 새롭게 건설할 때, 마키아벨리도 소데리니와 더불어 해직된다. 마키아벨리는 다시 복직하려고 노력하는 과정에서 군주정을 구축하는 메디치 가문의 통치자에게 바치는 『군주론』을 작성한다. 아무리 복직을 위한 일념이 강해도 그렇지, 공화국에서 중책을 맡았던 사람이 군주국과 신생 군주의 역할을 진언하는 사람으로 갑자기 돌변해도 되는가? 마치 헌신짝을 버리듯이, 정치적 신념에서 부화뇌동하는 듯한 『군주론』을 저술하는 것이 마키아벨리에게 무슨 도움이 될까?

관점을 조금만 바꾸어보면 그가 『군주론』에서 군주가 갖춰야 할 능력과 처신 방법을 설명하는 과정은 그의 분석력과 시대를 꿰뚫는 예지력을 증명하는 과정이기도 하다. 피렌체의 신생 군주가 정치적 안정과 평화를 이루려면 국내외 현안을 탁월하게 처리하는 공적 실무자가 절실하게 필요하다. 사실 어느 정부에서나 국제 관계를 능란하게 조율하는 실력을 갖춘 인재가 필요한 법인데, 마키아벨리는 『군주론』을 통해서 자신이 그런 사람임을 입증하고 있다.

둘째, 마키아벨리가 메디치 군주국에서 재취업을 하기 위해 절치부심하는 이유를 출세를 갈망하는 사적 공명심으로 환원하는 것은 편파적 해석이 아닐까? 그는 준전시 상황에 있는 피렌체 공화국을 지켜내려면 국제 관계에서 잔뼈가 굵은 노련한 공직자가 필요하다는 '충정'에 휩싸여 있기 때문이다. 그의 처세는 조국을 지켜내려면 사회적 공공선을 실현해야 한다는 공명심에서 발원한다.

프랑스, 에스파냐, 신성로마제국과 같은 주변 강대국들은 소도시들의 영토와 부를 강탈하기 위해 시시때때로 이탈리아 반도를 공격했다. 마키아벨리는 도시국가들이 속수무책으로 당하는 것을 저지하는 임무를 두 어깨에 짊어진 외교관이나 마찬가지였다. 자국의 위기를 막아내는 외교 전략을 성공시켜야 하는 절박함에 짓눌려 있는 영혼이라면 조국을 위한 공공심과 공공선 문제에 사로잡히지 않겠는가?

그런 갈망과 열정으로 하루하루를 살아갔기 때문에 마키아벨리는 메디치 군주정(1512~1526)뿐 아니라 그 뒤로 출현한 공화정(1527~)에서도 자신이 공직에 발탁되지 못할 것이라는 최후 통첩에 직면하는 순간, 심한 좌절감에 몸져눕는다. 그가 막역하게 지내던 귀족 친구인 프란체스코 베토리(Francesco Vettori, 1497~1539)에게 보낸 편지에서 "나는 조국을 내 영혼보다 더 사랑하네"(1527년 4월 16일)라고 한 말이 절망적 유언처럼 남아 있다.

셋째, 마키아벨리의 영혼이 그 자신보다 더 사랑한 대상은

'조국'이고, 그가 지향하는 공명심의 완결은 조국의 '안전과 국익'을 지속적으로 지켜내는 것이다. 이것은 피렌체의 정체를 군주국이 아니라 공화국으로 밀어붙이는 의지와 연결되어야 하지 않는가? 특이하게도 마키아벨리가 염원하는 정체는 군주의 지위를 배제하지 않는다. 그에게는 군주를 공화국의 수장으로 내세우는 복안도 가능하기 때문이다.

그가 상정하는 군주의 위치는 신생 국가를 건설하는 역할과 관련해 비중을 지닌다. 그리고 그는 메디치 가문이 정권을 장악한 이상, 피렌체는 군주국에서 출발할 수밖에 없다는 사실을 받아들이면서 나아간다. 그러나 출발점이 모든 후속 내용을 결정하거나 완성하는 것은 아니다. 마키아벨리는 고대인과 근대인의 행태를 비교하고 연결하는 방식으로 『군주론』을 전개하면서, 군주국을 건설한 다음에 군주의 역할을 공화정과 화합하게 하는 방법도 모색한다. 단지 『군주론』에서는 출발점에 서 있는 군주의 역할에만 초점을 맞추기 때문에, 외형상으로는 군주정이 그의 최종 입장인 것처럼 보인다. 그러나 그의 삼부작을 같이 떠올리면, 그가 지향하는 보편적 정체는 군주정과 공화정을 연결하는 '혼합정체'에 가깝다.

그러므로 마키아벨리에게 앞의 세 가지 진심은 분리되지 않는다. 그는 메디치 가문의 너그러움과 호의를 불러일으켜서 공직으로 복귀하려고 고군분투한다. 그러나 거기에는 구직 문제를 넘어 피렌체 공화국이 처할지도 모르는 위기와 불행한 운명에 대처하겠다는 '공동체적 열망'과, 조국의 안전과 평화를 지켜낸다는 '원대한 목표'가 먼저 작용하고 있다. 안전한 공화국을 실현하려고 불철주야 노력한 마키아벨리를 올곧게 이해하는 요체는 그의 명민함에서 우러나오는 강렬한 조국애와 탁월한 공명심이다. 공명심의 뿌리를 추적하면서 이해해야 하는 그의 처세는 국내의 부조리와 외세의 탐욕을 물리치면서 피렌체를 평화로운 국가로 만들겠다는 목표 위에서 움직인다. 그 목표는 군주국에 대한 옹호가 아니라 인민들에게 안전한 정치 질서를 구현하겠다는 의도를 담고 있다.

우리네 맥락에서 평가하면, 마키아벨리는 소위 '공익 추구형' 인간이다. 공익 추구형 인간이 개인적 야망을 지녔다고 해서 비난받을 일인가? 공익 추구에 휩싸여서 매사를 추진한다면, 개인적 출세와 취업을 향한 사심은 공공선을 확장하는 추동력이 된다. 개인적 사심은 공공선을 증폭하는 촉매제로 승화한다.

마키아벨리가 살았던 시대

중세 시대에 이탈리아는 반도의 중북부 지방을 중심으로 단일국가(카롤링거 제국의 일부)를 형성한 적이 있다. 하지만 대제국들의 확장욕과 지배욕에 휘둘려서 사분오열되었고, 도시국가들끼리도 이해관계에 따라 상호 정복과 탈환을 통해 이합집산을 반복했다. 마키아벨리가 태어난 15세기는 나폴리 왕국, 밀라노 공국, 베네치아 공화국, 피렌체 공화국, 로마 교황청이 이탈리아 반도에서 주도권을 쥔 독립국가로서 침략과 동맹의 역사를 답습하는 혼란한 상황이었다.

이탈리아 도시 피렌체. 15세기에 지어진 두오모성당과 현대 건물이 어우러져 있다.

이탈리아가 수많은 도시국가로 분열한 계기를 거슬러가면, 10세기에 두드러지는 '지방 분권화' 경향과 관련이 있다. 지방 귀족들의 세력이 점차 강해지면서 그들이 통치하는 소규모 독립도시가 발달한다. 게다가 11세기 말에 이르러 물류 이동을 용이하게 하는 해안도로와 강변도로가 다수 만들어지자 그 주변 지역들이 상업적 교류의 이점을 활용해 부를 축적하면서 도시국가로 발전할 힘을 모으기 시작한다. 이로 인해 교역을 광범위하게 주도하는 대상인들이 등장했고, 대지주였던 귀족 집단들도 중상주의적 사업에 더욱 관심을 기울이면서 전반적으로 상업주의에 박차를 가한다.

이런 식으로 유럽의 동방 무역을 주도하는 도시국가

(commune)들이 경쟁적으로 출현한다. 나폴리, 로마, 밀라노, 베네치아, 제네바, 피렌체, 피사는 선봉대 역할을 했으며, 피렌체와 베네치아는 그 발전의 흐름을 15세기까지 유지한다. 이에 발맞추어 강변과 해안의 도시들을 금전으로 연결하는 은행업이 형성되는데, 발빠르게 움직인 메디치 가문이 14세기 초부터 주도 세력으로 부상한다. 그 가운데 조반니 디 비치(Giovanni di Bicci de' Medici, 1360~1429)는 가톨릭교회에 융자를 해주고 교회 재정을 관리하면서 정치와 재정에서 영향력을 키워나간다. 그의 장남이 차후에 '조국의 아버지(Pater Patrie)'라 불리는 코시모 데 메디치(Cosimo de' Medici, 1389~1464)다.

상당한 부를 축적한 도시국가 중에는 베네치아처럼 지방 분권화를 동력으로 삼아 자주권을 강화하고 군주와 귀족과 평민이 공존하는 혼합정체를 모색하면서 공화제를 이루기도 한다. 피렌체는 도시국가가 수백 개씩 세워질 때 베네치아와 쌍벽을 이루면서 '정의의 법령'(1293)을 제정하거나 하층민이 일으킨 '치옴피의 난'(1378)을 기반으로 인민들의 정치적 입지를 넓히면서 공화정에 조금씩 가까이 다가간다.

부의 축적과 신분의 변화

피렌체는 13세기에 직기를 개발하면서 유럽을 대표하는 '모직물 생산지'로 급부상했고, 강변도로와 은행업을 활용해 풍요를 축적한다. 엄청난 부는 사회의 신분 질서와 권력 집단을 바꿔놓기 시작한다. 견직물 사업이 유럽으로 뻗어나가면서 거부를 축적한 대상인의 수가 늘어나자, 이들은 대시민의 자격으로 사회 주도권을 잡기 위한 방법을 모색한다.

신흥 부유층은 로마 교황청과 결탁해 구귀족들을 밀어내기 시작한다. 달리 말하면 교황에게 의지하는 교황파(겔프파)와 협력해 황제를 지지하는 귀족파(기벨린파)를 타국으로 추방하면서 14세기 초부터 권력을 장악한다. 그때 눈부시게 대적했던 단테(Dante Alighieri, 1265~1321)는 추방지에서 완성한 『신곡』(1320)의 「지옥 편」에서 피렌체에는 벼락부자와 벼락출세자가 많다고 조롱한다. 피렌체가 신분 이동과 지위 향상이 가능한 '개방사회'였다고 추정할 만한 비판적 풍자가 그 속에 담겨 있다.

신흥 부유층과 구귀족층의 갈등이 첨예했지만, 이들은 모두 피렌체 공화국의 정치 사회를 좌우하는 대시민으로서 '유력시민(ottimati)'과 같은 지위를 획득한다. 영주나 귀족이 주도하는 '전통적 계급 질서'와 신흥 부유층이 일궈낸 '새로운 신분 변화'가 맞물리면서 피렌체에는 인민들을 대상인과 대지주를 주축으로 하는 '유력시민', 중산층에 속하는 '평시민', 가난한 하층인 '소시민'으로 구분하는 틀이 생긴다.

마키아벨리는 토스카나 지역의 중산계급에 속하는 유서 깊고 부유한 집안의 태생이며, 기벨린(Ghibellini)파와 격렬하게 다툰 겔프(Guelfi)파의 후손이라고 마이클 화이트는 주장한다. 그런데 마키아벨리는 소싯적에 아버지 베르나르도와 함께 고대 역사를 기록한 리비우스의 『로마사』에 심취한다. 이들 부자는 서재에서 같은 책을 읽으면서 메디치 가문과 격의 없이 지낸 플라톤 사상가들(미란돌라, 폴리치아노, 피치노)과 덕 이론에 대해 살펴보지만, 특이하게도 종교에 대해서는 다소 냉랭한 태도를 취한다. 게다가 어찌된 영문인지는 모르지만 마키아벨리의 부친은 부유한 가문에서 작은 농가만 물려받았고, 한때는 세금 체납자의 신세로 떨어지기도 한다. 어린 시절부터 가난했던 마키아벨리는 피렌체에서 평시민의 지위를 획득하는 것도 다소 버거운 처지였다.

그러나 부친의 교육 일지에 따르면, 그가 가문의 자존심을 발휘해 마키아벨리를 유력 가문이나 메디치 가와 연결하는 다리 역할을 한다. 퀜틴 스키너는 뛰어난 인문학 교수이면서 제1서기국을 맡았던 바르톨로메오 스칼라(Bartolomeo I della

Scala)가 마키아벨리의 부친을 "절친한 친구"라고 불렀다는 점에 주목하면서, 부모에게서 물려받은 마키아벨리의 인문학적 재능이 제2서기장으로 발탁되는 데 상당히 주효했다고 주장한다. 당시에 정부 업무를 맡는 자들은 공공선을 추구하면서 외교적 역량이 있어야 했고, 그런 능력을 기르는 인문학적 지식의 원천은 고대 문헌이거나 키케로의 덕성 내지 명예와 같은 도덕철학적 차원이었다.

여하튼 마키아벨리는 부친의 음덕으로 평시민의 지위를 뛰어넘었고, 소데리니 정부(시뇨리아)가 이끄는 피렌체 공화국에서 국내 현안에 관한 실무를 맡아보는 제2서기국의 서기장(1498~1512)이라는 직책을 맡는다. 소위 내무장관급 아래의 실무 공무원을 떠올려볼 수 있는데, 마키아벨리는 제1서기국이 다루는 국제 문제를 제2서기국의 국내 문제와 통합적으로 접근하는 대내외 사안에서 발군의 실력을 발휘한다.

소시민의 반란

가난한 마키아벨리가 중책을 맡는 위치까지 올라간 데는, 피렌체의 인민이 몇 세기에 걸쳐서 정부의 실정을 지적하고 우발적 분노를 표출한 역사가 누적했기 때문이다. 교황파와 황제파 사이에서, 귀족파와 대상인파 사이에서 소외되었다고 느끼는 소시민들이 자신들의 정치적 입지를 마련하기 위해 한때는 정권도 탈취한다. 가령 '치옴피의 난(Il Tumulto dei Ciompi)'과 같은 저항 행위들이 차곡차곡 쌓여서 인민의 정치적 영향력이 커진다.

피렌체 사회에서는 13세기 말부터 시대 변화를 수용하는 흐름이 나타나면서 귀족 신분이 아니어도 신흥 세력이 위세를 떨칠 수 있는 여건이 마련된다. 이들이 점차 피렌체 공화국을 좌우하는 지배 세력으로 부상한다. 그러자 중산계급 이하의 소시민이 대시민과 갈등을 일으키기 시작한다. 신흥 부유층은 대상인을 중심으로 대조합을 만들고 경제와 정치에서 주도권을 장악하지만, 그 활동에서 배제된 중소상인과 소시민의 이해관계가 유력시민과 충돌하면서 불만이 누적된다. 도시를 잇는 은행업을 주도한 메디치 가문은 대토지 소유자이지만 평시민에 가까운 중산층과 소규모 상공업자의 입장도 대변하는 태도를 취한다. 메디치 가문은 상이한 신분을 중재한다는 평판을 얻고, 자연스럽게 살베스트로 데 메디치(Salvestro de' Medici, 1331~1388)가 1378년 5월에 정부 수반으로 선출된다.

그 한가운데서 긴 양모를 가지런하게 빗질하는 일을 하던 하층 노동자(치옴피)들은 신분 질서가 바뀌고 있는데도 자신들이 조합에 가입할 수 없거나 정치적 권리를 차단당하는 것 때문에 상대적 박탈감을 느낀다. 불만이 누적된 하층 노동자들이 급기야 대시민에게 저항하는 난을 일으키고 정권을 탈취한다. 이것을 '치옴피의 난'(1378년 7월)이라고 부른다.

대시민은 정권을 재탈환하기 위해 소상공인을 이용해 노동자들을 분열시키는 정책을 폈고, 주변 강대국이 보유한 외국군과 용병을 고용해 하층 노동자를 제압한다. 대시민은 여기에 그치지 않고, 치옴피보다 더 낮은 임금을 받는 외국인 노동자를 피렌체로 이주시켜 치옴피의 일자리를 대체한다.

그러면서도 이들은 소시민의 목소리를 전적으로 무시할 수 없다는 것은 알고 있었다. 그래서 피렌체의 정부 수반들은 귀족정도 아니고 공화정도 아닌 어중간한 과두정의 형태로 피렌체 공화국을 이끌어간다. 그런데 다른 한편으로 유력시민들은 이렇게 시대적 변란이 일어나는 것을 악용해 오히려 공적 권력을 은근슬쩍 사유화하고 공사 구분을 모호하게 하는 체제를 만들어낸다. 교묘하게 권력을 사유화하는 두드러진 사례가 메디치 가문이다.

어중간한 과두정을 취하는 코시모와 로렌초

14세기 초에 이탈리아의 은행업을 이끌면서 피렌체의 장관직을 역임한 메디치 가문의 조반니가 가업을 아들 코시모에게 물려주자, 코시모는 모든 면에서 타의 추종을 불허하는 능력을 발휘해 경제적 부를 최고 수준으로 올려놓는다. 코시모는 1434년에 피렌체 공화국의 원수로 지정되지만 권력의 속성을 잘 간파하고 있었기 때문에 권력의 전면에 나서지 않고 막후에서 신중하게 영향력을 발휘한다.

게다가 코시모는 베네치아와 경쟁하는 피렌체의 상황뿐 아니라 이탈리아 반도의 도시국가들이 소소하게 전쟁을 반복하는 문제를 총체적으로 해결하기 위해, 친-프랑스 정책을 펼치면서 로디 평화조약(1454~1494)을 제안한다. 그나마 로디 평화조약 덕분에 그동안 혼란스러웠던 도시국가들 사이에서 다소나마 평화를 되찾는다.

막후에서 피렌체를 지혜롭게 이끈 코시모는 불황과 어려움에 봉착할 때마다 그 해법을 손쉽게 찾아내 피렌체를 극한 상황에서 구해낸다. 피렌체는 1450년대 중반에 경제 위기가 닥치면서 시민 대부분이 세금을 못 낼 만큼 어려운 상태에 처한다. 그러자 코시모는 하층 소시민들을 위해 부유한 유력시민

로디 평화조약(1454~1494)

중세 시기 동안 이탈리아에는 소규모 도시국가들이 형성되면서 소소한 쟁탈전을 반복했다. 피렌체 공화국의 코시모는 이탈리아에 평화가 찾아오게 하려면 밀라노 공국과 강한 동맹을 맺어 베네치아 공화국을 견제해야 한다고 판단했다. 그는 밀라노의 스포르차에게 화해의 손을 내민 다음에, 나폴리 왕국, 밀라노 공국, 베네치아 공화국과 더불어 전쟁을 중단하는 로디 평화조약을 맺었다.

이 공공선을 실현하는 모범을 보여주어야 한다고 주장하면서, 부유층일수록 세금을 더 많이 내는 세법을 제안한다. 메디치 가문은 그 세법에 준해 몇십 년 동안 피렌체의 재정을 늘리려고 솔선수범한다. 그가 1464년에 사망하자, 코시모의 지혜로움과 헌신을 기리기 위해 피렌체의 〈자유의 10인〉이라는 사법 단체가 그에게 '조국의 아버지'라는 호칭을 붙여준다.

그러는 와중에도 유력시민들이 권력을 사유화한다는 의심이 늘어나면서, 70인 평의회가 1458년에 도시를 장악하고 메디치 가문을 해외로 추방하는 사건이 발생한다. 코시모의 친척이나 측근들이 권력을 사유화하는 행태를 막아내지 못한 탓인데, 오히려 코시모가 부당하게 과한 처벌을 받았다고 생각하는 사람들이 메디치 가문을 금세 피렌체로 다시 복귀시킨다. 그래서 마키아벨리가 태어난 1469년 이후에는 코시모의 손자인

메디치 가문의 상징인 코시모 데 메디치의 초상화.

'위대한 로렌초'가 피렌체를 통치한다.

로렌초 데 메디치(Lorenzo de' Medici, 1449~1492)도 할아버지 코시모처럼 다방면으로 능력이 출중했고 시대를 읽는 혜안도 있었다. 그는 공화제 전통을 유지하는 어중간한 과두정 형태로 정부의 수반 노릇을 하면서 플라톤적 덕론을 통치 방식으로 사용한다. 그러다 보니 삼권분립이나 입법에 토대를 둔 정체보다는 통치자의 개인적 덕성에 기초해 중요한 결정을 내리거나 은혜를 베푸는 방식으로 도시국가의 운명을 좌우하는 성향이 나타난다.

소데리니 공화정의 등장과 실각 이후의 『군주론』

코시모와 로렌초를 떠올리게 하는 메디치 가의 통치(1469~1494)는 어중간한 과두정의 형태로 공화정에 숟가락을 얹은 모양새를 취하고 있었다. 명민한 마키아벨리는 공사를 구분하지 않는 저급한 정치를 개선하려면 미비한 법 제도를 계속 보완해야 한다는 비판 의식을 지니고 있었다. 그가 소데리니 공화정 시절에 새로운 법을 다양하게 제정하는 데 열의를 보인 것도 이런 비판 의식과 일맥상통한다.

메디치 가의 과두정이 지속되는 와중에, 탄탄할 줄 알았던 로렌초가 뜻하지 않은 병 때문에 젊은 나이에 사망한다. 그래서 통치 훈련을 제대로 받지 못한 장남 피에로(Piero di Lorenzo de' Medici, 1472~1503)가 정권을 물려받는데, 피에로는 애초부터 능력이나 판단력이 부족한 사람이었다. 설상가상으로 권력의 사유화와 독점 현상 때문에, 그의 결함을 만회할 만한 대안을

피렌체 공화국의 연보와 메디치 가의 가계도

메디치 가의 과두정(1469~1494), 사보나롤라의 과도기(1494~1498), 소데리니의 공화정(1498~1512), 메디치 가의 군주정(1512~1526), 공화정의 도래(1527~).

<table>
<tr><td colspan="4">조반니 디 비치(은행업)</td></tr>
<tr><td colspan="4">코시모(조국의 아버지)</td></tr>
<tr><td colspan="4">피에로</td></tr>
<tr><td colspan="3">위대한 로렌초</td><td>줄리아노</td></tr>
<tr><td>피에로</td><td rowspan="2">조반니
(레오 10세)</td><td rowspan="2">줄리아노</td><td rowspan="2">줄리오
(클레멘스 7세)</td></tr>
<tr><td>로렌초</td></tr>
<tr><td>카트린</td><td></td><td></td><td></td></tr>
</table>

마련하지 못한 채 피에로의 통치가 불안정하게 시작된다. 그리고 곧이어 프랑스 군대가 피렌체를 침공해 들어온다. 무능력한 피에로는 전쟁에서 밀리자, 아무 조건 없이 프랑스의 요구 사항을 모두 수용한다. 이 사실을 알게 된 피렌체 시민들이 분노해 메디치 집안을 해외로 추방해버린다. 그래서 지롤라모 사보나롤라(Girolamo Savonarola, 1452~1498) 사제가 피렌체의 정권을 장악하는 과도기(1494~1498)를 거친 다음에, 뒤이어 소데리니 공화정(1498~1512)이 등장한다.

마키아벨리는 소데리니 공화정으로 바뀌는 시기에 운 좋게 제2서기국의 서기장에 발탁되면서 곧바로 소데리니의 신임을 얻는다. 그는 그동안 피렌체가 안고 있던 정치적 후진성을 벗어날 수 있도록 소데리니와 의기투합해 조국을 위해 신명나게 헌신한다. 그러나 해외로 추방당했던 메디치 가문이 다시 피렌체로 복귀해 소데리니를 실각시키고 새롭게 군주정(1512~1516)을 세워나간다. 이때 덩달아 실직하게 된 마키아벨리는 피렌체 군주국을 어떻게 건국하고 통치해야 하는지를 메디치 가의 군주에게 제안하는 『군주론』을 작성한다.

15세기 피렌체는 근대적 만민 평등이나 보편 인권과 같은 착상이 원천적으로 발흥한 시기는 아니었다. 그러나 마키아벨리가 서기장에 발탁되었다는 사실 자체가 신분 질서와 정치적 위계가 변하는 양상을 반영한다. 피렌체는 치옴피의 난 이래로 대시민이나 대조합의 소속이 아니어도 여러 소규모 길드 조합에 동시에 가입한 평시민에게는 통치의 하부 단위에 해당하는 소위원회에서 참정권이나 투표권을 행사할 수 있는 길을 열어 놓는다. 평시민이지만 운 좋게 높은 지위의 공직을 얻은 마키아벨리는 제2서기장 역할을 통해 정치적 통찰력을 훈련할 기회를 얻는다. 이것이 『군주론』을 포함해 그의 삼부작을 차례차례 저술하는 내용적 근간이 된다.

지방 분권화와 신흥 부유층을 만들어낸 상업 활동이 이렇듯 피렌체의 신분 질서와 통치 구조를 바꾸어왔다. 그런데 경제적 변화는 정치적 변화를 야기하는 데 그치지 않고, 인문학과 예술의 발전을 가져온 르네상스를 예비하는 원동력이기도 하다. 고대 인문학에 대한 천착이 피렌체를 문명사에서 독특한 지위를 갖게 하는 기반이 된다. 무엇보다도 14세기에 프란체스코 페트라르카(Francesco Petrarca, 1304~1374)와 조반니 보카치오(Giovanni Boccaccio, 1313~1375)는 로마 고전을 읽으면서 로마 시대가 기원전 6세기나 5세기 이전의 그리스 사상과 문화에서 상당한 영향을 받았다는 점을 깨닫는다. 그래서 이들은 각종 사원과 교회로 탐사단을 보내 그리스 문헌을 찾는 일에 재원을 투자했고, 이것이 르네상스의 고전적 토대를 이룬다. 메디치 가의 코시모도 그 행보에 동참한다. 마키아벨리의 『군주론』과 『리비우스 논고』의 원리적 기반에 해당하는 리비우스의 『로마사』도 이런 발굴 운동과 연결되어 문헌의 가치를 높게 인정받고 있었다.

자국 군대를 거부하는 피렌체의 정치 문화

피렌체의 부는 정치와 인문 예술의 분야에 폭발적 변화를 두루두루 일으키는 효과를 낳는다. 그런데 풍부한 경제력이 마냥 긍정적 효과만 낳은 것은 아니다. 피렌체가 용병을 수입하는 제도를 만들고 주변 강대국들의 야욕에 국운을 내맡기게 되는 불행의 씨앗도 부와 연결되기 때문이다.

이탈리아 반도에서는 11세기 이래로 각자 독자적으로 발전한 도시국가들이 사분오열되어 끊임없이 분쟁을 일으켰다. 그럼에도 피렌체는 전쟁과 무력 갈등이 생기면 외국 군대나 용병으로 분쟁을 해결하는 정치 문화를 형성한다. 그러다 보니 어떤 정치 수반이나 특정 가문이 민병대를 양성하려고 하면, 그들은 '공공의 이익'보다는 무력으로 '독재 정권'을 세우려고 한다는 오해를 받거나, 아니면 용병을 고용할 수 없을 만큼 피렌체가 가난해졌다는 '불명예'를 떠안는 것으로 간주하게 된다.

이런 전통에다가 로마 교황이 피렌체의 정치에 개입하는 행태가 덧붙여지면서, 외세의 침입에 대한 피렌체의 불안은 점차 증폭된다. 소데리니 정부가 활동하던 시기에 교황으로 뽑힌 율리우스 2세(Pope Julius II, 재위: 1503~1513)는 바티칸의 위세를 떨치기 위해 영토와 권력을 확장하는 정복 전쟁을 '친히' 주관하기까지 한다.

세속 군주들은 로마 교회의 종교적 영향력에 좌우되기는 했지만, 이와 반대로 교회 권력이 너무 커지는 것을 두려워하면서 교황의 군사력과 영토를 제한하는 견제 장치를 만든다.

로마 교황은 종교적 권위를 휘두르지만, 자신을 지키는 무력과 관련해서는 프랑스나 에스파냐와 같은 주변 강대국과 동맹을 맺어서 교회 영토를 보호해야 하는 처지였다. 그런 상황을 벗어나고자 하는 교황들이 때로는 전쟁까지 도발했다. 알렉산데르 6세(Pope Alexander VI, 재위: 1492~1503)나 율리우스 2세는 바티칸의 정치적 영향력을 확장하기 위해 아들의 역량이나 전쟁이나 동맹 관계를 다양하게 활용한다.

그래서 외교적 안목이 부족한 교황이 동맹을 선택하는 데서 오판을 하거나 아니면 피렌체를 지렛대로 삼아 도시국가를 공격하려는 야욕을 불태우는 경우에는, 자국의 무력을 갖추지 못한 피렌체는 풍전등화에 처하곤 했다. 교황이 피렌체 공화국을 흔드는 일이 빈번하게 일어나고, 피렌체의 유력시민들 가운데는 교황과 결탁해 외국군을 피렌체로 끌어들이는 행태를 반복하면서, 피렌체를 위기에 빠트리는 상호작용 현상이 나타난다.

이런 상황을 잘 아는 프랑스의 루이 12세는 이탈리아의 도시국가들이 서로 분쟁하도록 만들어서 피렌체의 재정을 착복한다. 에스파냐 출신의 체사레 보르자는 아버지 알렉산데르 6세 교황의 권력과 재정을 활용해 로마냐를 정복하고, 이탈리아를 장악하기 위해 피렌체를 공략 수단으로 삼으면서 소데리니 공화정을 위기에 빠트린다.

로마 교회와 유력시민이 결탁해 강대국의 지원병을 빌리거나 용병을 고용하는 방식으로 외국군을 피렌체로 끌어들이는 일이 반복되다 보니, 피렌체의 외세 의존도는 갈수록 높아진다. 밤낮으로 긴박하게 돌아가는 시대 상황과 피렌체가 처한 구조적 불운을 겪으면서 마키아벨리는 절망한다. 그래서 마키아벨리는 피렌체를 궁극적으로 안정시키는 방법은 이탈리아를 통일하는 것이고, 통일을 위한 발판은 당연히 군사력이라고 결론을 내린다. 이런 결론 때문에 그는 메디치 가가 군주국을 세워나갈 때 자국 군대를 양성하고 이탈리아를 통일하라고 조언하는 『군주론』을 작성한 것이다.

외세를 끌어들이는 로마 교회에 대한 비판

피렌체 공화국이 안팎으로 위협에 처하는 것은 저급한 정치 문화 때문이다. 외세의 거대한 힘 앞에서 피렌체를 무기력하게 만드는 문화라는 것이다. 저급함에 기름을 붓는 것 가운데 하나가 로마 교황과 가톨릭교회의 행태다. 이런 현상에 대해 마키아벨리는 다음처럼 정리한다.

첫째로, 피렌체 공화국은 교황의 개입에 휘둘려왔고, 교황이 얼마나 타락했는가에 따라서 반도 전체가 해를 입었다. 교황은 바티칸에서 문란한 생활을 하면서 신도들의 경건성과 신앙심을 잃게 하고 그것이 세속적 권력으로 이어진다. 마키아벨리는 『리비우스 논고』의 12장에서 로마 교회의 문란한 처신 때문에 이탈리아가 파멸에 이른다고 비판한다.

둘째로, 로마 교황은 정복욕과 세속적 권력욕에 휩싸여서 피렌체를 곤란에 빠뜨리지만 이탈리아 전체를 통치할 만큼 강력하지는 못하고, 그렇다고 다른 세력이 이탈리아 전체를 장악하는 것을 내버려둘 만큼 허약하지도 않아서 문제였다. 어중간한 힘으로 이탈리아 전체에 권위를 세우려고 하다 보니, 로마 교회는 외세를 끌어들이는 방식으로 분란과 내분을 일으킨다. 달리 말하면 로마 교회는 동맹 상대국을 자꾸 바꾸면서 이탈리아에 외국군을 끌어들이고, 이때 피렌체를 공격의 준거점으로 활용한다. 강대국이나 야만국이 이탈리아를 손쉽게 약탈하는 것도 로마 교회의 행태에 자극받은 것이다.

셋째로, 강대국을 이탈리아로 끌어들이는 로마 교회에 대한 마키아벨리의 분석에는 신정정치에 대한 비판도 담겼다. 그래서 그는 『군주론』에서 교황이 황제도 뽑고 도시국가의 정치적 운명도 좌우하는 구조에서 벗어나야 한다는 의지, 즉 종교의 세속화에 대한 의지를 개진한다. 이탈리아가 프랑스나 에스파냐와 같은 '거대한 단일국'으로 통일되지 못하는 이유도, 강력한 지도자를 배출하지 못하는 이유도 모두가 로마 교회의 방해 때문이라고 그는 분석한다.

그러므로 피렌체의 신생 군주가 명심해야 할 것이 바로 로마 교회가 야기하는 폐해를 망각하지 않는 것이다. 그리고 군주는 당장 외세의 공격을 막아내는 것뿐 아니라, 외세를 원군으로 끌어들이는 일이 일어나지 않게 하는 방향으로 정치 문화를 바꾸려는 노력이 필요하다는 마키아벨리의 조언에 귀를 기울여야 한다. 귀를 기울인다는 증거는 마키아벨리를 재고용하는 것이다.

신생 군주국에서 입각 경쟁

마키아벨리는 인문학과 예술을 찬란하게 꽃피운 르네상스의 본고장에서 국제 관계의 동역학에 기초해 피렌체의 상황을 예리하게 분석하면서 안전과 평화를 지켜낸다. 그는 로마 교회와 강대국들이 도시국가를 둘러싸고 벌이는 쟁탈전을 막아내는 협상력뿐 아니라, 비밀스러운 담합을 간파하는 투시력에서도 마치 첩보원처럼 남다른 실력을 발휘한다.

이런 그의 공로를 명석한 두뇌의 역할로만 돌릴 일은 아니다. 피렌체 공화국을 지켜내겠다는 간절한 '공공심'과 순박한 사람들이 부당한 탐욕에 희생되지 않게 하겠다는 '공공선'에 대한 열망이 낳은 성과이기 때문이다. 그는 피렌체를 방어하기 위해 때로는 건조한 언어로 신실하게, 때로는 문학적 재치와 수사적 풍자가 가득한 유희적 언어로 현란하게 외교 상대의 마음을 팔색조처럼 사로잡는다.

마키아벨리는 소데리니 공화정에서 제2서기국의 서기장으로 발탁되었지만, 대내외 여건상 제1서기국과 통합된 대외 업무를 맡곤 했다. 소데리니는 마키아벨리와 주고받는 공문서와 편지들을 통해 마키아벨리의 '정치적 통찰력'뿐 아니라 '문학적 재능'도 일찍이 인지한다. 그래서 소데리니는 긴박한 외교 문서, 법안 상정문과 연설문 작성에서 마키아벨리의 능력을 전폭적으로 활용한다.

그러나 메디치 가문이 소데리니 공화정을 축출하고 마키아벨리도 해직하는데, 이때 메디치 가에 불만을 품은 포스콜리와 카포니가 메디치 가를 공격하는 모의를 감행한다. 불행하게도 그들이 '임의로' 작성한 명단이 유출되면서, 모의와 전혀 관련이 없는 마키아벨리도 억울하게 누명을 쓰고 투옥된다. 모진 고문에 지친 마키아벨리는 어렸을 적에 안면이 있던 메디치 가의 줄리아노(Giuliano de' Medici, 1479~1516)에게 탄원시를 쓴다. 위대한 로렌초의 셋째 아들인 줄리아노에게서 응답이 없자, 마키아벨리는 두 번째 탄원시를 쓰는데, 그 와중에 율리우스 2세가 갑작스럽게 사망하고, 뒤이어 줄리아노의 형 조반니 디 로렌초 데 메디치(Giovanni di Lorenzo de' Medici, 1475~1521)가 레오 10세 교황으로 선출된다. 피렌체 정부는 교황 즉위를 축하하는 행사의 일환으로 피렌체 감옥의 죄수들을 풀어주는 은혜를 베푼다.

당파를 넘나드는 구직 행위

엉겁결에 감옥에서 풀려나 자유의 몸이 되지만, 마키아벨리는 피렌체의 정치적 삶에서 전적으로 추방당한다. 그는 부친에게 물려받은 토스카나 지역의 작은 농가로 물러나서 은둔생활을 시작한다. 그럼에도 그는 메디치 군주국에서 다시 공직을 얻으려고 다각도로 노력한다. 그가 국제 관계에서 피렌체 공화국을 위해 탁월한 성과를 거둔 것을 유력시민들도 익히 알고 있었고, 명성이 자자한 그의 능력이 신생 군주에게도 필요하다고 마키아벨리는 굳게 확신했기 때문이다.

마키아벨리의 확신에는 공사를 구분하는 근대적 착상이 작용한다. 현대사회에서 공무원은 행정부의 수반이 누구이든 간에 이미 구조화한 체계 안에서 국정이 계속 돌아가도록 중립적 나사 역할을 한다. 선생은 학생을 가르치는 일에, 판사는 사법 재판을 정당하게 수행하는 일에, 군인은 국경을 수호하는 일에 정권과 관계없이 사활을 걸듯이, 서기장은 정권과 관계없이 나라 안팎의 실무를 수행하면 된다. 마키아벨리에게 서기장의 직무는 정치적 당파 싸움을 벌이는 것이 아니라 오직 조국에 충성하는 공무의 토대일 뿐이다. 공무원은 소데리니 공화정에서 전문성을 발휘해 봉사했듯이, 신생 군주정에서도 국익과 공공선을 위해 헌신하면 그만이다. 국가의 부름을 기다리는 공무원처럼 마키아벨리는 신생 군주의 부름을 기다리면서 이전에 갈고 닦은 외교적 지식과 체험을 보편적 원리로 정리하는 『군주론』『리비우스 논고』와 『전술론』을 순서대로 저술한다. 그러나 삼부작이 모두 완성된 시점에도 신생 군주의 부름은 일어나지 않았다.

마키아벨리는 부름을 기다리면서 정신적 고통과 생활고를 이겨내기 위해 삼부작 사이사이에 『당나귀』『벨파고르』『만드라골라』와 같은 글을 생산한다. 당시 세태를 풍자하는 문학 작품들인데, 이것들은 단테의 문체와 쌍벽을 이룰 만큼 재기 발랄해서 르네상스를 빛나게 한다. 그는 세태 풍자를 극대화하기 위해 작품의 주인공이 마치 자신이라도 되는 듯이 개성을 만들어내면서 '자기 조롱의 백미'를 보여준다. 그래서 영악하고 민첩한 소설의 주인공이 실존하는 마키아벨리의 상징이라는 오해가 쌓이기 시작한다. 그가 차후에 악마로 오인을 받는 것도 자기 조롱의 백미가 낳은 '자랑스러운' 자기 업보가 아닐까라는 생각도 든다.

마키아벨리는 작품마다 새로운 발상, 새로운 지평, 새로운 입법, 새로운 문체, 새로운 풍자와 조롱을 창출한 만능 재주꾼이다. 그는 서로 다른 장르에서 겨우 한 작품씩만 산출했다. 그럼에도 로베르토 리돌피(Roberto Ridolfi)는 마키아벨리가 거의 모든 장르에서 '최고의 위치'에 서거나 후대인에게 '깊은 족적'을 남겼다고 극찬한다. 단지 한 작품씩으로 해당 장르에서 르네상스 문학을 대표하는 자로 우뚝 선다. 그래서 만약 15세기 문헌에서 새로운 스타일이 또 발견되면 그것을 마키아벨리의 숨겨진 작품이라고 성급하게 일반화하는 오류를 농담처럼 즐겨도 좋을 듯하다.

마키아벨리의 천직

마키아벨리는 다방면에서 르네상스적 새로움을 대표한다.

그러나 그는 구직을 위해 친구 베토리에게 보낸 편지에서 이렇게 자신을 평가한다. 자신은 "비단이나 양모를 짜는 기술에도 딱히 재주가 없고, 실익을 남기거나 밑지는 일에도 서툴러서"(1513년 4월 9일) 결국 그의 타고난 운명은 피렌체 공화국과 관련한 국제 관계를 분석하면서 정치적 실타래를 풀어내는 일일 수밖에 없다. 각자가 타고난 운명과 실력에 부합하는 곳에서 활동해야 한다면, 피렌체의 위기를 극복하기 위해 그가 필요하다. 마키아벨리는 이런 절박한 심정으로 공직에 재취업하겠다는 의지를 굽히지 않는다.

베토리는 위대한 로렌초와 친분이 있던 귀족이었기 때문에, 메디치 가문이 군주정으로 복귀한 이후에도 해직되지 않고 피렌체 대사의 자격을 얻어서 로마 교황청에 파견된 인물이다. 그래서 마키아벨리는 베토리에게 곁에 있는 레오 10세에게 자신을 천거해달라고 부탁하는 편지를 반복해서 쓴다. 마키아벨리는 천거의 효력을 높이기 위해, 자신이 저술한 『군주론』을 레오 10세뿐 아니라 교황의 조카이면서 피렌체의 신생 군주로 지명을 받은 로렌초 디 피에로 데 메디치(Lorenzo di Piero de 'Medici, 1492~1519)에게도 전해달라고 부탁한다. 베토리는 마지못해 전달하지만, 조카 로렌초는 『군주론』을 거들떠보지도 않는다.

고대 인문학과 예술의 추종자인 '위대한' 로렌초 데 메디치의 초상화.

15세기 피렌체는 신분 변화도 가능했고, 인민이 추첨이나 투표를 통해 대표자를 뽑는 다양한 위원회도 구축했기 때문에, 소시민도 어느 정도 정치에 영향을 끼칠 수 있었다. 그럼에도 마키아벨리와 같은 평시민이 공직으로 나아가려면 유력시민과 끈이 닿아 있어야 했다. 당시에 공직에 발탁되는 방법 중의 하나가 저서를 권력자에게 헌정하는 것이다. 신생 군주에게 『군주론』을 헌정한 것은 일종의 입각 경쟁과 발탁 경쟁에 뛰어든 것이나 마찬가지다. 마키아벨리가 원한 것은 정부 수반도 아니고, 장관도 아니고, 단지 실무를 보는 서기장이었지만, 그 일은 도시국가의 운명을 좌우했고 보수도 상당한 공직이었다.

이렇게 공직을 얻고자 하는 마키아벨리의 노력이 처세나 생존 전략과 분리되는 것은 아니다. 그러나 그의 노력을 입신양명이나 생활비를 버는 문제로만 환원해서는 안 된다. 그는 비록 작은 농지라고 해도 부친에게 물려받은 유산으로 의식주 해결은 가능했고, 벌목 감독관으로 취직하기도 한다. 게다가 베토리에게 쓴 다른 편지에는 "일자리가 없으면, 통치자의 교사나 비서로 일하거나, 가족을 남겨두고 척박한 땅의 아이들을 가르치는 곳으로 떠나서 죽은 듯이 살아야 할지도 모르지"(1513년 6월 10일)라고 토로하는 내용도 있다. 굳이 공직이 아니어도 여타의 구직은 가능했고, 그의 가족들의 생존도 가능했다.

그렇지만 마키아벨리는 그런 유형의 구직을 거부한다. 혹자는 보수가 적어서 그런다고 추정할 수도 있다. 그러나 소데리니가 라구사 공화국의 서기장 자리를 제안했을 때, 마키아벨리는 그 제안을 거절한다. 게다가 그가 『전술론』을 헌정한 콜론나 집안의 귀족이 조언을 해주는 대가로 몇 배의 월급을 주겠다고 제안했을 때도, 마키아벨리는 단호히 거절한다. 그에 반해 메디치 가의 추기경이 훨씬 낮은 수고비를 제공하는 『피렌체사』의 저술을 의뢰했을 때, 마키아벨리는 기꺼이 받아들인다. 그에게는 보수보다는 조국과 관련되는 일을 맡는 것이 소중한 척도였다. 돈보다는 명예가, 개인적 삶보다는 피렌체의 운명을 좌우하는 일이 중요했기 때문에, 그는 그런 구직 활동에 매달린 것이다.

더 의미가 있는 삶에 대한 추구

마키아벨리는 분명 인생에서 더 가치가 있고, 더 의미가 있는 삶을 추구한 것이다. 그가 시골 농지의 술집에서 오랜 시간을 같이 보낸 소시민들을 떠올리면서 베토리에게 무의식적으로 뱉어낸 말들을 들여다보자. 그러면 그의 구직 노력이 단지 출세를 갈망하는 처세와는 다른 인생관을 담고 있음을 확인할 수 있다.

마키아벨리는 서기장 직에서 해직된 이후에 시골 농지로 쫓겨가서 하루하루를 근근이 살아간다. 오전에 벌목 일을 감독하고, 오후에 귀가해 식사를 한다. 식사를 마친 후에 그는 매일 농가 주변의 술집을 방문한다. 거기에서 그는 오후 내내 술집 주인, 푸줏간 주인, 방앗간 주인, 가마 일꾼 두어 명과 주사

위 놀이를 하면서 시름을 달랜다. 도박처럼 동전 하나를 놓고 날마다 다투는 형국을 묘사하면서 마키아벨리는 베토리에게 "쓰레기 같은 인간들 사이에 갇혀 지낸다"(1513년 12월 10일)고 내뱉는다. 마키아벨리는 다른 편지에서도 그들을 '기생충'이나 '버러지'라는 단어로 지칭하면서, 자신이 버러지들 사이에서 빈둥기리며 썩어간다고 한탄한다. 그는 해직의 시름과 고통을 달래면서 매일 어울리는 그들을 동전 하나 때문에 싸우는 도박꾼, 인생 허비, 쓰레기로 묘사한다.

공직으로 복귀하려는 마키아벨리의 내면에는 경제적 동기로 환원되지 않는 지향점이 똬리를 틀고 있다. 달리 말하면 조국을 지켜내겠다는 원대한 공명심이 그의 삶을 가치 있게 만드는 준거점이다. 그래서 그는 베토리에게 "군주들이 일단은 작은 일이라도 좋으니 나를 고용해주면"(1513년 12월 19일) 좋겠다는 소망을 덧붙인다. 그가 원한 것은, 아무리 사소해도 조국을 위해 일하는 것이다. 그는 갈고 닦은 재능으로 공화국의 안전을 지키고, 쓰레기나 기생충과 같은 사적이고 자기중심적인 삶에서 벗어나는 날을 학수고대한다.

고대인과 근대인을 관통하는 일반적 원리

그의 심원한 공명심은 소시민과 어울리는 삶을 소개하는 편지글 뒤에 그가 다시 추가하는 행동을 통해 더 선명해진다. 그는 오후 내내 '버러지'와 같은 유희를 즐기다가 저녁이 되면 집으로 돌아간다. 그런데 그는 집에 도착하면 가장 먼저 "문지방 앞에서 진흙과 먼지로 뒤덮인 작업복을 벗고 궁정 예복을"(1513년 12월 10일) 입는다. 여기에서 이상하게 느껴지는 대목이 있다. 자기 집에서, 게다가 홀로 지내는 저녁 시간에 궁정 예복을 입다니! 참으로 독특하다. 문학 작품에서처럼 자기 조롱의 백미를 재현하려는 것인가?

궁정 예복을 차려입는 이유는 서재에서 위대한 고대인을 만나기 위해 정중하게 예의를 갖추는 것이다. 마키아벨리는 밤마다 자신의 서재에서 고대 문헌을 연구하면서 그 내용들을 통해 지혜와 통찰력을 배운다. 그는 기원전 8세기부터 다룬 고대 로마의 문헌에서 자신이 15세기에 축적한 정세 분석과 일이관지하는 내용을 찾아낸다. 그는 정치와 국제 관계를 둘러싸고서 벌이는 인간들의 행동에서 모든 시대를 관통하는 '일반적 원리'를 발견하고, 그것에 기초해 『군주론』을 저술해나간다.

마키아벨리는 베토리와 주고받는 편지에서 고대인과 근대

인의 연관성을 찾아내는 상황을 순차로 설명한다. 그가 밤마다 서재에서 고대인에게 왜 그런 행동을 했는지를 물어보면, 고대 문헌에 등장하는 인물들이 친절하게 대답해준다는 것이다. 그러면서 그는 그 대화를 토대로 "「군주론에 대하여」라는 짧은 논문"(1513년 12월 10일)을 작성했다고 알린다. 고대인과 나누는 저녁 대화는 농가의 소시민과 즐기는 오후 놀이와는 달리, 마키아벨리를 삶의 의미와 가치를 풍부하게 해주는 공적 세계로 이끌었고, 그 공적 세계가 도출한 결과가 『군주론』이다.

마키아벨리는 밤마다 예의와 권위를 갖춘 궁정 예복을 입고서 펼쳐내는 '근대인과 고대인의 만남'에서 인간에 대한 보편적 통찰을 획득한다. 달리 말하면 15세기 이탈리아에서 벌어지는 침략적 행동 방식이 고대 문헌에서 발견되는 기록들과 연장선에 있다는 것이다. 그에게는 리비우스의 『로마사』에서 건국자가 주변인들과 맺은 관계 방식과 로마 공화정의 전개 과정이 15세기 피렌체 공화국의 신생 군주가 나아가야 할 방향에 대한 일종의 참고서가 된다. 그런 일반적 착상을 가장 먼저 필화한 것이 『군주론』이다. 마키아벨리는 15세기 이탈리아를 위해 등장해야 하는 신생 군주의 자격 조건도 고대인과 나누는 대화를 통해 원리적으로 정리해나간다.

통일 군주의 자격 조건

시골 농가의 서재에서 저녁마다 궁정 예복을 입고서 고대인과 나눈 대화를 통해 근대적 의미를 도출한 마키아벨리의 남다른 공명심이 '르네상스형 인간'의 핵심이다. 그런데 마키아벨리는 15세기 피렌체에 정치적 통찰력을 주는 보물 창고를 왜 고대 문헌으로 삼았을까? 그의 부친이 애호한 책들이 우연히도 리비우스의 『로마사』와 같은 종류였기 때문일까?

마키아벨리를 그렇게 사로잡은 이유는, 고대 로마에서 공화정이 실제로 시행되었다는 점과, 로마인의 행동과 정치적 역학 구조를 피렌체의 정치적 발전과 자유로운 미래를 이끄는 혜안으로 응용할 수 있다는 점 때문이다. 명석한 마키아벨리는 고대인과 대화를 나누면서 정치의 장에서 펼쳐지는 복잡한 변수와 결단들 사이에는 시대를 넘나드는 유사성과 반복성이 나타나며, 그것을 인간 행동의 '일반적 원리'로 확장할 수 있다고 생각한다.

인간 행위의 반복

마키아벨리는 피렌체 공화국의 과거와 미래를 연결하는 원리적 접근을 정체 논쟁에도 공히 적용한다. 그를 고대 문헌으로 이끌어간 원동력이 원리적 접근으로 귀착한다. 그래서 그의 정치학적 발상이 '역사 순환론'이라는 역사 철학적 단초와도 연결된다.

역사 순환론은 국가의 흥망성쇠의 반복에 기초한다. 국가의 역사가 반복된다면, 국가를 구성하는 인간들의 행태도 반복되는 것이다. 인간의 행태가 반복된다는 점을 활용해 후대인이 위기를 극복하는 혜안으로 활용할 수 있도록 과거 영웅들의 행적을 기념비에 남겨서 기억하게 만들자고 주장하는 혜로도토스(Herodotus, 기원전 484~425년경)의 『역사』나 투키디데스(Thucydides, 기원전 460~400년)의 『펠로폰네소스 전쟁사』가 역사 순환론의 기반이 된다. 고대 서사시에 등장하는 이런 발상을 철학적으로 변형해 형이상학적 관점과 통합된 역사 순환론을 체계적으로 전개한 사람들이 플라톤(Plato)과 아리스토텔레스(Aristotle)다.

고대인의 역사 순환론과 마키아벨리의 정치학적 반복은 인간사를 이해하는 방식에서 유사하다. 그런데 고대 철학자들이 관념론이나 형이상학적 지향성을 지닌 것과 달리, 마키아벨리는 현실 논리적 관점에서 정치적 패권 싸움의 양상을 전개한다. 마키아벨리는 인간 행동의 유사성과 반복성을 실제 사건에서 발굴해내고, 피렌체의 정치적 방향과 미래를 가늠하는 데 반복성을 활용하면서 순수하게 '정치적 차원'에서만 논의를 펼친다. 그는 밤마다 궁정 예복을 입고 고대인들과 대화를 나누면서 발견한 행동 패턴을 15세기 동맹 관계와 권력자의 행동 양식에 대입하기 위해 논의를 진행한다.

그런데 인간사를 관통하는 '일반적 원리'에 초점을 맞추다 보면, 자연스럽게 통치자의 상도 '이상주의적 원형'처럼 서술하게 되지 않을까 하는 의구심이 든다. 현실 논리를 따른다고 해도 서로 차이가 나는 구체적 사건들을 관통하는 일반적

플라톤의 덕

플라톤은 소크라테스와 같은 위대한 철학자가 억울하게 죽음을 당하지 않으려면 정의로운 국가를 건국해야 한다고 주장한다. 정의로운 국가는 4덕을 기초로 한다. 인간의 영혼은 이성, 기개, 욕망 능력을 지녔는데, 그 능력을 탁월하게 계발하면 지혜, 용기, 절제의 덕이 발휘된다. 세 가지 덕을 잘 조율할 때, 정의의 덕이 실현된다. 플라톤은 영혼의 세 기능에 기초해 사회 신분을 셋으로 나누는데, 사농공상에 종사하는 사람은 절제의 덕이, 군인은 용기의 덕이, 정치인은 지혜의 덕이 특화되어 있다.

원리에 집중하면 이상주의적 태도가 은연중에 끼어들 수 있기 때문이다. 그러나 마키아벨리는 자신이 처한 구체적 현실에 발을 딛고서 나아가기 때문에 사실적이고 귀납적인 일반화를 견지한다. 그에게 중요한 것은, 메디치 정권이 실제로 등장했고 피렌체는 군주정으로 교체되고 있다는 당면한 현실을 받아들이는 데서 대안을 찾는 것이다.

정치체제도 반복하나

건국과 동맹 관계에서 고대와 근대를 관통하는 일반적 원리가 존재하듯이, 정치체제의 차원에서도 일반적 원리로 밀어붙이는 것이 필요하다. 마키아벨리는 『군주론』에서 일반적 원리라는 지향성과 현실적 상황이라는 시대성을 모두 반영하면서, 결국에는 메디치 군주정이 '혼합정체'를 준비하도록 하는 포석을 놓는다. 고대 로마사와 르네상스 역사를 비교해보면, 아무리 좋은 정체라고 해도 운영하기에 따라서 최악의 정체로 전락할 위험성은 늘 존재하기 때문이다. 민주정도 타락하면 좋은 군주정보다 못한 상태가 된다. 아리스토텔레스가 『정치학』에서 군주정은 전제정으로, 귀족정은 과두정으로, 민주정은 중우정으로 전락할 수 있다고 하는데, 마키아벨리는 고대인의 충고에 기초해 각 정체의 긍정적 요소를 수용하면서 동시에 각 정체가 최악으로 변질되는 것을 막아내는 삼중 장치를 고안해 낸다.

삼중 장치의 효력을 극대화하는 원리는 상호 견제와 균형이다. 그가 판단하기에 갈등은 어떤 사회에서나 발생한다. 그러므로 갈등 자체를 근절하기보다는 한쪽의 당파적 이해관계에만 치우치는 일이 없도록 갈등 사이에서 견제와 균형을 이루는 제어 장치를 만들어야 한다. 그에게 정치적 견제와 균형을 최고로 발휘하는 정체가 혼합정체다. 그리고 실제로 존재했던 로마 공화정이 '이상적 정체'이면서 동시에 '실제적 범례'로서 의미가 있다.

15세기 피렌체는 메디치 군주국을 세우고 있으니 마키아벨리에게 급선무는 신생 군주의 역할을 구체적으로 명시하는 것이다. 그는 리비우스의 『로마사』에서 발견한 건국 영웅들을 참고해 15세기에 정치적 재현을 이룰 만한 내용을 순차로 추가한다. 피렌체의 신생 군주가 구현해야 할 일반적이면서 미래 지향적인 지침은 실제로 존재했던 것에 토대를 둔다.

신생 군주의 자격

그렇다면 마키아벨리의 원대한 꿈을 이루기 위해 피렌체 군주국을 정립해나가는 신생 군주가 갖춰야 할 기본 조건은 무엇인가? 역량(virtú)과 행운(fortuna)이다. 마키아벨리는 군주의 역량을 고대의 덕(virtú, 비르투)과 동일한 라틴어로 제시한다. 그러나 그에게 비르투는 플라톤이나 아리스토텔레스의 덕이 아니라, 개인의 내면에서 끌어내는 용맹성과 같은 자질이다. 공화국을 수호하는 위치에 있는 사람이라면 공공의 이익에 대한 열망과 공동체를 위한 의무를 내면에서 끌어내는 강력한 힘을 지녀야 한다. 마키아벨리는 그 힘을 비르투, 즉 역량이라고 부른다.

군주의 비르투는 무엇을 이루려는 야망, 내적 힘을 강한 추진력으로 끌어올리는 결단력, 물러서지 않는 용기와 기개, 용맹성을 분출하는 원동력이다. 신생 군주는 강대국의 야욕에 휘둘리지 않으면서 피렌체를 지켜내는 역량이 있고, 현장에서는 사자의 저돌성과 여우의 간교함과 같은 근성과 전략을 발휘하는 자여야 한다.

그런 능력을 갖춘 실제 인물이 당시에는 체사레 보르자였다. 마키아벨리는 그의 역량과 행운이 이탈리아의 통일에 사용되기를 기대했는데, 불행하게도 그는 일찍 사망한다. 그런데 줄리아노가 교황이 된 조반니를 따라서 바티칸으로 떠나기 위해 피렌체의 통치를 조카 로렌초에게 일임하는데, 이렇게 피렌체의 신생 군주로 등장한 조카 로렌초가 불행 중 다행으로 체사레와 유사한 특징이 있었다.

조카 로렌초도 명색이 군인이었고 영토 확장에 관심을 쏟는 전사였기 때문에, 정치 수반이 되면서 한순간에 피렌체를 장악한다. 게다가 조카 로렌초도 체사레처럼 '무자비한 군인'이라는 소문도 돌았기에, 마키아벨리는 이탈리아의 미래와 관련해 '역량'이 있는 조카 로렌초에게 내심 기대를 건다. 체사레가 교황 알렉산데르 6세를 등에 업는 행운을 누렸듯이, 조카 로렌초도 교황 레오 10세라는 종교적 권위와 재정을 등에 업은 행운아가 되었기 때문에, 역량과 행운을 모두 보유한 신생 군주인 셈이다.

역량과 행운을 모두 갖춘 조카 로렌초가 무자비한 전사의 기질을 보여주자, 마키아벨리는 피렌체의 자주권과 이탈리아의 통일을 모두 달성하는 방향으로 나아가라고 간절히 청원하는 마음을 담아낸 『군주론』을 조카 로렌초에게 헌정한다.

왜 무자비한 군주이어야 하는가

그런데 마키아벨리는 왜 '무자비함'에 초점을 맞추는가? 그는 왜 체사레와 비견되는 무자비한 군인이 신생 군주의 위치에 있다고 기뻐하는가? 마키아벨리의 본심은 로마 공화정을 모델로 삼아서 점차 혼합정체를 견인해내는 것이다. 그럼에도 당시에 피렌체는 군주국을 도입해야 하는 '시대적 요청'이 존재한다는 맥락에서, 그는 일단 군주국을 강조하는 방향으로 나아간다.

마키아벨리는 메디치 가문의 귀환과 관계없이, 피렌체가 전방위로 부패했기 때문에 그 부패를 일소해야 하는 시대적 요청에 직면해 있다고 주장한다. 그는 공동체가 전체적으로 부패한 상황에서 부패를 일소하는 일반적 방법을 원리적으로 탐구했고, 그 일을 수행하는 모델도 일반적 원리처럼 개진했다. 만약 그의 판단이 객관적으로 옳다면, 설령 메디치 가문이 아니어도 누가 피렌체를 개혁하기 위해 일어나야 하는 상황이라는 의미다. 그런 시대적 요청이 작동하는 시기에 메디치 가문이 복귀한 것이다.

어떤 사회에서든, 설령 권력자가 부패해도 인민이 부패하지 않은 상태라면, 기존에 만들어놓은 좋은 정체와 좋은 법률이 그대로 유지되고 효력도 발휘할 수 있다. 그러나 만약 인민까지 부패한 사회라면 좋은 법률도 무의미해지고 제 역할을 할 수 없게 되어버린다. 인민까지 부패한 사회는 회생 가능성이 없기 때문에 문제를 해결하려면 모든 부패를 '한꺼번에' 도려내는 방법을 사용할 수밖에 없다.

마키아벨리는 고대 문헌을 연구하는 과정에서 부패물 전체를 도려내는 방법으로 어쩔 수 없이 "제왕적 권력"을 지닌 군주가 필요하다고 결론을 내린다. 피렌체가 처한 총체적 부패를 직시하면 부패를 도려낼 신생 군주의 역할이 시대적 사명처럼 요청된다. 이와 관련해 마키아벨리는 인민의 타락이 퍼져 있고 게다가 불평등하기까지 한 사회는 이미 세워놓은 좋은 제도와 법률 자체를 무시하기 때문에, 사회 변화를 위해 기존의 훌륭함에 기대를 걸어봐야 소용이 없다고 보는 것이다. 피렌체처럼 부패한 정신이 지배하는 공동체에서는 자신의 동족을 이간질하고, 동족과 혈투를 벌이고, 동족을 무력화하기 위해 외세나 끌어들이게 된다. 피렌체에서는 좋은 제도도, 자유도, 평등에 대한 믿음도, 좋은 가치도 모두 퇴색해갔다. 그렇게 퇴색한 인민에게는 자유와 평등을 누릴 기회를 주어도 오히려 자신의 자유와 평등을 억압하는 방향으로 투표를 하거나 자기 발등을 찧는 결과를 낳는다.

이런 타락을 해체하는 근원적 해법은 고대의 로물루스, 누마, 툴루스처럼 과감하게 "제왕적 권력"을 발휘하는 자가 출현하는 것이다. 제왕적 권력을 지닌 군주가 사회를 일거에 변혁할 때 전방위적 부패를 척결하면서 다음 단계로 이행하는 기틀을 잡을 수 있다. 고대의 제왕적 건국자와 비견되는 15세기 실존 인물로서 기대할 수 있는 자가 체사레였고, 이제는 그의 바통을 메디치 가문이, 현실 논리에 따르면 조카 로렌초가 이어받으면 된다. 마키아벨리의 관점에서 군주의 위치에 서는 자는 우유부단하거나 유약해서는 안 된다. 만약 군주가 기대와 달리 우유부단하고 유약하다면 퇴폐한 것들과 더불어 오히려 도려내진다는 것을 명심해야 한다.

양가적 파급 효과

마키아벨리가 내세우는 군주는 무자비한 전사의 기질이 있어야 하기 때문에, 군주의 자격 조건은 그의 야심을 이루는 데 도움이 되는 사자의 잔인함이나 여우의 간교함과 같은 동물적 본성과 부합한다. 마키아벨리의 『군주론』이 끝나지 않는 추문을 일으키는 이유가 바로 여기에 있다.

그런데 역설적이게도 그의 『군주론』이 일으키는 파장은 상당히 양면적이고 양가적이다. 무엇보다도 서로 대립하는 입장을 지닌 사람들이 자신의 행동을 정당화하는 논리로 마키아벨리의 주장을 동일하게 사용하기 때문이다. 가령 이탈리아를 파시즘으로 몰아간 무솔리니(Benito Andrea Amilcare Mussolini, 1883~1945)는 마키아벨리를 '사상적 선배'로 간주하면서 인민을 탄압하고 핍박하는 논리로 활용한다. 그에 반해 같은 시기에 무솔리니에게 저항하다가 형장의 이슬로 사라진 그람시(Antonio Gramsci, 1891~1937)는 『현대군주론』에서 마키아벨리의 『군주론』은 무솔리니에게서 핍박받는 인민들을 위한 정치 서적이라고 평가한다.

15세기 마키아벨리가 펼친 군주에 관한 논의를 20세기 이탈리아의 후손들이 서로 모순적으로 활용한다. 무솔리니와 그람시, 이렇듯 대척점에 있는 사람들의 '사상적 선배'가 동일한 마키아벨리이고, 동일한 『군주론』이다. 그렇다면 마키아벨리의 본질은 야누스인가? 그는 두 얼굴의 사나이인가?

마키아벨리는 베토리에게 보낸 편지에서 소시민을 쓰레기나 버러지로 표현하기도 했다. 낮 시간에 항상 같이 어울렸던 소시민과 자신은 위계가 다르고 존엄성에서도 차이가 있다고 생각하는 것인가? 그런데 밤 시간에 궁정 예복을 입고 연구한 내용은 군주정이 아니라 로마 공화정이고, 그곳에서 인민들은 귀족과 동등하게 상호 견제와 균형을 발휘한다. 그는 소시민에게 자유와 평등을 안겨주는 정체를 모색하고 있었다.

이렇듯 양가적으로 해석할 수 있는 마키아벨리의 면면을 살펴보면, 아마도 그는 '궁정 예복'과 '군주론'이라는 두 가면을 쓰고서 나아가는 공화정 수호자가 아니었을까? 이런 난제 앞에서 루이 알튀세르(Louis Pierre Althusser, 1918~1990)의 『마키아벨리의 가면』이라는 책도 떠오른다. 입신양명과 자기중심적 출세에 집착하면서 사적 공명심에 매인 마키아벨리, 그러나 그 사심을 발휘해 인민 전체를 위한 공공선과 공화정을 견인하는 공명심의 화신인 마키아벨리, 그 한가운데서 그가 내면에 지닌 원대한 포부를 찾아내어 그의 진심과 가치를 제대로 인정하는 방향으로 나아가려는 노력이 독자에게도 필요하다.

플라톤의 철인왕에 대한 저항

양가적 해석을 일으키는 마키아벨리의 이론적 토대는 기본적으로 인간 행동의 반복과 순환이다. 좋은 것이든 나쁜 것이든 인간에게는 행동을 반복하는 패턴이 존재한다. 마키아벨리는 그의 통치자관을 뒷받침하는 '일반적 원리'를 리비우스의 『로마사』와 같은 고대 문헌을 통해 발굴한다.

이런 식으로 『군주론』의 행간에 숨겨놓은 마키아벨리의 미래 지향적 복안들은 플라톤과 아리스토텔레스가 개진한 역사 순환론과도 연결된다. 그런데 마키아벨리는 고대 철학자들이 견지하는 이상주의와 달리, 현실 논리에 기초해 뚜렷한 갈림길을 만들어낸다. 아리스토텔레스는 『정치학』에서 혼합정체를 펼치지만 철학적 관조를 더 의미가 있는 삶으로 여긴다. 플라톤은 『정치가』에서 법률과 제도를 통한 공화제보다는 개인의 탁월한 지혜를 우위에 두는 철인왕의 덕론을 내세운다.

15세기 피렌체는 가톨릭이 생활양식을 온통 좌우하는 시절이었기 때문에, 플라톤적 덕론을 이교적인 것으로 평가 절하하는 중세적 전통이 남아 있었다. 그럼에도 코시모의 손자인 위대한 로렌초는 플라톤 철학자들과 어울리면서 덕을 중시하고, 게다가 키케로(Marcus Tullius Cicero)나 세네카(Lucius Annaeus

Seneca)가 도덕적 의무로 간주하는 정직과 명예나 너그러움과 관대함을 덕의 의미에 덧붙이는 14세기 인문학적 유행까지 수용한다. 코시모와 로렌초는 고대 철학적 풍요로움을 지닌 덕 개념을 통치의 근간으로 삼았는데, 역설적이지만 이들은 공적 권력을 사유화하거나 측근을 요직에 앉히는 행위를 윤색하는 데도 고대적 덕 개념을 사용한다. 이것은 귀족과 평민의 위계를 해체한다는 외양을 하지만, 내적으로는 권력을 독점하고 강화하는 방법이 된다. 플라톤의 지혜는 권력의 사유화를 주장한 것이 아님에도 불구하고, 메디치 과두정은 덕론을 그렇게 악용한다. 마키아벨리는 그런 경향과 대립각을 세우면서, 소데리니 공화정에서 견제와 균형을 발휘하는 법 제도를 신설해 공적 권력을 구해내려고 노력한다.

그런데 마키아벨리가 피렌체의 상황을 심각하게 진단한 것은 통치자의 지위에 있는 자들 이외에도, 인민들에게서 광범위하게 발견되는 전방위적 부패 때문이기도 하다. 가령 통치 수반이 베푸는 혜택을 덕이라는 이름으로 누려온 사람들은 '덕론을 활용해' 법률의 가치와 공사 구분을 '무력화하는' 행태의 위험성을 인지하지 못한다. 바람직한 통치 질서를 판단하는 안목이나 비판력이 약화한 인민은 특정 세력이 권력을 독점하는 상황을 비판적으로 바라보지 못한다.

더 나아가 소시민은 선택권이 주어졌을 때 소시민의 계급적 이해관계와 배치하는 방향으로 나아간다. 하층민이 자기모순적 투표를 하는 것은 예나 지금이나 마찬가지인가 보다. 마르크스(Karl Marx, 1818~1883)는 『루이 보나파르트의 브뤼메르 18일』에서 왕정 타도를 외치면서 투표권을 획득한 시민들이 그 투표권을 활용해 다시 왕정을 복귀시키는 투표를 하는 현상에 주목한다. 피렌체의 인민들이 부패한 권력에 동조하는 선택을 하듯이 민중이 혁명을 주도하던 시기에도, 21세기 한국사회에서도 자신의 계급적 이해관계와 배치하는 투표를 하는 경우가 비일비재하다.

마키아벨리는 인민들이 그렇게 나아가도록 통치 조직을 장악해가는 메디치 가문의 교묘한 수법을 명민하게 간파한다. 그는 개인의 인격이나 덕론을 사용하는 코시모나 로렌초의 통치 방식보다는 법 제도가 근간이 되는 정체를 만들어야 한다고 생각한다. 그러므로 신생 군주도 궁극적으로는 마키아벨리의 내면에 도사리고 있는 방법처럼 관련 법률을 새롭게 제정하는 방향으로 궤도를 전환해야 한다.

칸트의 도덕적 정치가

마키아벨리는 플라톤의 철인왕 논리에서는 벗어나지만, 18세기에 정치학을 도덕학으로 끌어올리려고 한 칸트(Immanuel Kant, 1724~1804)의 『영구평화론』과는 어느 정도 접촉점을 지닌다. 칸트에게 인간은 영혼과 육체를 동시에 지닌 존재라서, 이성적 영혼이 육체의 욕망에 휘둘리면서 부조리와 부정의를 만들어내는 운명을 타고났다. 그 운명을 조금이라도 막아내는 방법은 없을까?

칸트는 윤리학적 원리를 정치학에 적용하는 복안을 만들어낸다. 소위 윤리학과 정치학의 합치를 시도한다. 그러나 실정법과 도덕법은 일치하지 않으며, 정치와 윤리 사이에는 좁혀지지 않는 간극이 존재한다. 그래서 칸트는 영혼과 육체의 간극을 극복하려고 노력하는 것과 유사하게 실정법에서도 그런 효과를 내는 방법을 고안해낸다. 인간의 육체적 욕망을 견제하는 제도를 만드는 것이고, 윤리학적 기대를 '정치학적으로' 실현하는 일련의 방법을 구상하는 것이다.

이런 상황을 "인간에게는 누구나 지배자가 필요하다"는 명제로 표현할 수 있다. 칸트는 육체적 욕망을 이성적 영혼이 통제하듯이 개개인의 부조리를 통제할 지배자를 모두에게 설정한다. 일반 시민을 지배하는 통치자를 만들고, 그 통치자를 지배하는 상위의 통치자를 다시 상정하고, 궁극적으로 통치자도 다시 다른 존재의 지배를 받는다. 이렇듯 서로 견제하는 제도가 삼권분립과 대의제다. 이성과 욕망의 간극, 정치와 윤리의 간극을 극복하는 칸트의 정치 구조는 그러하다. 마키아벨리의 『군주론』이 양가적 해석과 모순적 파급 효과를 낳는 방향으로 나아간 것도 완전히 통제되지 않는 "인간 욕망의 동일성과 반복성" 때문이었다. 칸트도 그런 문제의식에 기초해 삼권분립과 대의제를 후속 대안으로 제시한다.

마키아벨리의 진의는 무엇일까? 군주정 옹호일까? 공화정으로 이행하려고 영리한 꾀를 부리는 것일까? 그 대답을 충분하게 하려면 마키아벨리의 삼부작을 교차시켜야 한다. 그러나 우리는 『군주론』을 꼼꼼하게 읽어야 하는 임무를 지니고 있다. 무엇보다도 『군주론』의 사이사이에 숨겨진 마키아벨리의 진심을 발굴해내는 것이 급선무다. 그래서 『군주론』을 읽는 우리의 목표는 이러하다.

군주국을 교란하기! 군주정을 교란하기!

군주국을 교란하기

마키아벨리는 『군주론』에서 실제 역사에 등장하는 사례에 기초해 '군주국의 종류'를 분류한다. 정치체제가 관심사라면, 군주정과 공화정을 대비하는 과정이 필요하다. 그러나 마키아벨리는 공화정을 『리비우스 논고』에서 별도로 다루기 때문에 『군주론』에서는 군주정만 논한다.

이런 구분에도 불구하고 마키아벨리가 『리비우스 논고』에서 무엇을 다루는지를 살펴보면, 그는 그 책의 「서문」에서 국가의 건국, 정부의 유지, 왕국의 통치, 군사 조직, 전쟁, 신민들

사이에서 법률 집행, 제국의 영토 확장에 관한 것이라고 개괄한다. 잘 살펴보면 『리비우스 논고』에서 다루는 주제는 『군주론』의 주 관심사이기도 하다. 그러므로 마키아벨리의 관심사를 군주정과 공화정 사이에서 양자택일하기보다는, 단지 『군주론』에서는 군주국의 행태를 논하면서 '군주의 역할과 능력'을 강조한다는 식으로 접근하는 게 더 낫다.

중세 천 년 동안 서유럽은 군주국을 보편적 형태로 견인해왔기 때문에, 마키아벨리는 "군주국을 획득하는 방법"에 기초해 세습 군주국, 신생 군주국, 복합 군주국, 교회형 군주국, 시민형 군주국을 구체적 사례와 연결해 설명한다. 실재하는 유형을 근간으로 삼는다는 점에서 현실 논리에 부합하는 예시와 증거를 눈여겨볼 필요가 있다.

그가 주목하는 군주국은 피렌체의 당시 상황을 고려하면 '신생 군주국'이다. 그런데 메디치 가문의 교황 레오 10세가 로마로 떠나면서 조카 로렌초를 피렌체의 군주로 지정했기 때문에 피렌체는 '교회형 군주국'이나 마찬가지다. 마키아벨리는 피렌체가 정치적으로 안정되려면 로마 교회의 영향력에서 피렌체 정권을 독립시켜서 교회와 정치의 분리가 일어난 '독자적 군주국'이 되어야 한다고 본다. 이런 목표를 달성하기 위해서는 이탈리아 반도의 도시국가들을 하나로 통일하는 데까지 나아가야 한다.

마키아벨리는 로마 교회와 주변 강대국에게 휘둘려온 도시 국가들을 통폐합하면서 '한 국가'로서 이탈리아를 건국할 '적기'에 피렌체의 신생 군주가 등장했다고 판단한다. 이탈리아의 통일을 간절히 바란다는 점에서 '신생 군주국'이라는 용어는 중의적 의미를 지닌다.

군주국의 타락을 미연에 방지하기

만약 마키아벨리가 『군주론』에서도 미래 지향적 정체를 고려했다면, 통치자의 모델을 군주가 아니라 공화정을 이끄는 소위 비-군주적 인물로 삼았을 것이다. 그러나 그는 『군주론』에서는 실재하는 군주국의 성격과 신생 군주의 자격을 설명하는 데만 초점을 맞춘다. 부패한 사회를 한꺼번에 일소하는 과제 때문에 군주 역할이 중요했기 때문이다.

그런데 당시에 마키아벨리는 군주가 최악의 단계로 전락하는 것을 막아야 한다는 고심도 동시에 하고 있었다. 메디치 가문이 로마 교회와 에스파냐의 군대를 등에 업고 피렌체로 복귀할 때 그들이 군주정을 세울 것은 명약관화했다. 게다가 마

메디치 가 주요 인물을 곳곳에 그려놓은 동방 박사들의 행렬, 베노초 고촐리의 그림(1459).

키아벨리는 이들이 반복되는 추방을 겪은 다음에 복귀하기 때문에 공적 권력을 사유화하고 권력을 독점하는 행태를 심하게 밀어붙이면서 피렌체의 정치체제가 참주정으로 전락할지도 모른다는 우려까지 하게 된다.

그는 메디치 가가 정권을 장악하는 위험천만한 시기에, 또 자신이 서기장 직에서 해직된다는 추측이 난무하는 시기에 개인적으로 직언하는 편지를 메디치 가에 보낸다. 아직은 추기경 신분인 조반니에게 피렌체의 통치 조직을 만들 때 주의할 사항을 냉정하게 진언하는 편지였다. 메디치 가를 해외로 추방하면서 재산을 빼앗은 가문들에게 자비를 베풀고, 자신뿐 아니라 메디치 가와 경쟁하는 가문들을 "적으로 돌리지 말고 동지로 만들어야 한다"(1512년 9월 29일)는 내용이었다. 그리고 그는 개혁을 너무 성급하게 진행하거나 이전 정권을 지나치게 비난하면 메디치 정권에 독이 될 것이라는 말도 충심으로 전한다. 소데리니 공화정에서 총애를 받던 사람을 메디치 가에서 달가워할 리가 있겠는가? 당연히 그의 편지는 무시된다. 그래도 마키아벨리는 몸을 사리지 않았고, 서기장 직에서 파면당하기 직전에는 메디치 군주정을 겨냥해 「반참주정 연설」을 발표한다.

그에게 신생 군주국의 형성은 막아야 할 사건이 아니라 오히려 이탈리아의 항구적 평화를 위해 거쳐가야 하는 시대적 요청이었다. 왜냐하면 당시 피렌체는 유력 가문들의 부패와 더불어 인민의 부패도 늘어나고 있었기 때문에 자유로운 정부가 들어서도 자유와 권익을 제대로 누릴 수 없는 상황이었다. 밤마다 고대인과 대화를 하던 마키아벨리는 인민까지 부패한 경우에는 개혁만으로는 문제를 해결할 수 없기 때문에 부패한 사지를 모두 잘라내는 혁명적 방법이 필요하다고 생각한다.

이렇듯 모든 부패를 전방위로 척결하려면 혁명적 변화를 일으키는 사람이 등장해야 한다. 그리고 그 효과를 증폭하려면, 그 사람은 "제왕적 권력"을 쥐어야 한다. 인민의 부패가 심각하면 이미 제정한 법이 아무리 좋아도 법 자체를 무시하는 행태가 나타나기 때문에, 마키아벨리가 구상한 복안은 초법적 권력을 발휘하는 이가 등장해 썩은 사지를 도려내는 군주국을 건설하고, 그 청렴한 군주국을 기반으로 활용해 순차적으로 법치를 하는 공화국의 토대를 닦는 것이다. 15세기 피렌체가 구제도를 철저히 혁파하려면 "한 사람"이 독자적으로 일을 추진하는 단계가 필요하다.

공화국으로 이행할 수 있나

그런데 피렌체가 군주국을 정립한 다음에 공화국으로 이행하는 일이 마키아벨리의 예상처럼 자연스럽게 일어날 수 있을까? 마키아벨리에게는 가능하다. 고대인과 르네상스인을 비교하면 인간 본성에서도 일반적 원리가 존재하기 때문이다. 이른바 인간 본성의 동일성과 유사성이다. 어느 시대나 인간은 시기심도 많고 타인의 업적을 칭찬하는 데도 인색해 부화뇌동하는 악한 본성이 있다. 그러나 이기적이고 악하던 인간들이 모든 이에게 공통된 이익을 가져다준다는 공공선에 직면하면 그 반대로 일치단결하는 성향도 있다. 인간 본성이 유사한 행동 패턴을 만들어왔기 때문에 공공선에 집단적으로 귀를 기울이는 유사성도 반복해서 일어날 수 있다.

그러나 단기석으로 대동단결을 이루는 데서 그치지 않고 공동체가 군주국에서 공화국으로 변신하려면, 공동체 안에 평등에 대한 믿음과 자유로운 정치 개입을 위한 여지가 확산해 있어야 한다. 평등이 확산된 사회에서는 공화국을 건설할 수 있지만, 불평등이나 부조리한 부패가 만연한 곳에서는 어쩔 수 없이 군주국을 건설하는 데로 나아간다. 마키아벨리는 『리비우스 논고』의 1권 55장에서 평등이 확산된 곳에서는 군주국이 수립될 수 없고, 평등이 이루어지지 않는 곳에서는 공화국이 수립될 수 없다고 주장한다.

다행히 15세기 피렌체는 몇 세기 동안 진행되어온 부의 축적과 신분 변화 덕분에 평등에 대한 믿음이 일찍부터 퍼져 있었다. 그러나 불행히도 권력의 사유화와 더불어 귀족과 인민이 맞물려서 부패하는 현상이 일어났기 때문에 피렌체는 제왕적 권력을 지닌 군주의 활약을 부득불 요청하는 상황이 된 것일 뿐이다. 그럼에도 그동안 피렌체가 답보 상태를 면하지 못한 데는 혁명적 변화를 일으킬 만한 "능력이나 지혜를 갖춘 인물"이 출현하지 않았기 때문이다. 마키아벨리는 제왕적 권력을 발휘할 인물로 체사레를 지정했고, 이제는 유사한 행운과 역량이 있는 메디치 가의 신생 군주가 그 역할을 대행하면 된다.

그런데 피렌체 도시국가가 반드시 공화국으로 이행할 필요가 있는가? 공화국이 군주국보다 더 나은 가치를 지닌다는 근거는 무엇인가? 마키아벨리는 『리비우스 논고』의 1권 9장에서 이렇게 대답한다. 국가를 건국하는 일은 제왕적 권력을 지닌 한 사람이 주도하는 것이 적합하다. 그러나 정부 전체를 유지하는 부담이 한 사람의 어깨에만 걸리게 되면 그 정부를 효율적으로 유지하기가 어렵다. 게다가 인간은 욕망과 탐욕 때문에 권력을 쥔 시간이 길어질수록 부당한 억압을 만들어내면서 부패한다. 점진적으로 증가하는 부패와 부조리를 막아내려면 통치 구조에서 상호 견제와 균형을 발휘해야 한다. 다양한 층위의 사람들이 통치 조직의 한 자락을 잡고서 권력의 분업화를 이루는 방식이 필요하다.

그런 관점에서 마키아벨리가 지향하는 정체는 군주정과 귀족정과 민주정이 모두 결합한 '혼합정체'다. 그에게 혼합정체는 고대 로마에서 실제로 시행한 모델이라서 근대적으로 다시 재현할 수 있는 현실적 가능성이 있다. 고대 로마의 공화정은 통치 조직을 잘 이끌어갈 법률을 만들었고, 행정관은 제정한 법률에 기초해 시민들을 다스렸다. 로마 공화정의 통치 조직은 군주정을 대체하는 군주, 귀족정을 대체하는 원로원, 민주정을 대체하는 민회, 원로원과 민회를 연결하는 호민관이 견제와 균형을 발휘하는 방식으로 정체를 만들고, 구성원들이 통치 부담을 서로 나눠 갖는 권력 분립의 구조였다.

군주가 토대를 놓는 공화국

15세기 피렌체도 고대 로마에서 이미 시행했던 공화정을 실현할 수 있다. 그러나 출발점에서는 총체적 부패를 일소하기 위해 제왕적 권력을 발휘하는 군주가 나타나야 한다. 건국 이후의 군주는 통치 조직을 정비하면서 제왕적 권력을 내려놓고 집정관의 지위로 탈바꿈하면 된다. 군주가 정부를 유지하는 부담을 다른 계층들과 반분하면, 더 평화롭고 자유로운 사회를 창출할 수 있다.

고대 로물루스는 건국 이후에 통치 조직을 만들면서 자신의 역할을 유사시에 갖는 '군대 통수권'과 평시에 갖는 '원로원 소집권'으로 제한했다. 정치적 의사 결정은 원로원이 하고,

이탈리아 피렌체의 니콜로 마키아벨리 상.

집정관은 원로원을 소집할 권한만 갖는다. 그렇다면 원로원은 누가 견제하는가? 집정관과 민회가 원로원의 결정 사항을 수용하거나 거부하는 권리를 행사하면서 원로원을 견제한다. 집정관으로서 군주가 최후까지 견지하는 권한은 국가를 수호하는 데 필요한 전시 통제권과 군대 통수권이다.

마키아벨리가 조직하는 공화국은 인민의 호의와 사랑을 받는 군대 총사령관으로서 통수권을 지닌 군주를 인정한다. 군주는 통치 권한을 제한하면서 서로 다른 신분들 간에 견제와 균형이 깨지지 않게 하는 역할을 한다. 『군주론』은 건국자의 위치에 있는 자가 해내야 하는 군주의 일막극을 전개한다. 그렇다면 군주의 이막은 무엇인가? 독자들이 『군주론』의 행간을 통해 이막을 읽어내면 된다.

2장

『군주론』 읽기

어떤 군주에게 헌정하는 책인가?

로마 교황과 주변 강대국들이 뿜어내는 팽창주의와 전쟁 분담금에 대한 요구가 겹치면서 피렌체는 빈번하게 전쟁의 위협에 시달려왔다. 피렌체가 자주권을 상실하는 굴욕적 구조에서 벗어나려면 자국의 무력을 기르고 하나의 국가로서 이탈리아를 건설해야 한다는 것이 마키아벨리의 복안이다. 그러려면 먼저 민병대를 양성하는 일이 필요한데, 이를 위해 민병대법을 제정하는 것을 가로막는 정치 문화를 개선해야 한다. 마키아벨리는 서기장 직에서 해직된 이후에 피렌체 공화국을 군주국으로 전환하는 메디치 가의 과도 정부를 지켜보면서 군주의 사명과 대비책을 제시하는 『군주론』을 1513년에서 1514년 사이에 작성하면서 이런 내용과 연관되는 자주권의 회복을 군주에게 요청한다.

문예를 사랑하는 줄리아노

마키아벨리가 '정치 수준의 향상'과 '이탈리아의 건국'이라는 부푼 꿈을 가슴에 안고서 처음부터 『군주론』의 헌정 대상으로 염두에 둔 인물은 위대한 로렌초의 셋째 아들인 줄리아노다. 그런데 마키아벨리가 군주의 사명을 논하면서 특히 강조하는 논조는 역설적이게도 줄리아노의 개성이나 삶의 태도와는 대척점에 있다.

줄리아노가 어떤 개성을 지녔는지를 객관적으로 파악하려면 위대한 로렌초의 가계도를 살펴볼 필요가 있다. 코시모의 손자인 위대한 로렌초는 피에로, 조반니, 줄리아노라는 삼형제를 두었는데, 위대한 로렌초 사후에 등극한 피에로는 복잡한 국제 정세를 읽어내는 통찰력이나 통치력이 부족했다. 그러다 보니 프랑스의 샤를 8세가 1494년에 피렌체를 침략해 들어올 때, 피에로는 프랑스의 요구를 무조건 수용하는 정치적 미숙함을 드러낸다. 이에 분노한 시민들이 메디치 가를 해외로 추방한다. 당연히 피에로의 동생 줄리아노도 고단한 유랑 생활로 내던져진다.

그런데 바티칸에는 정치인이 아님에도 불구하고 영토 확장에 집착하는 교회 수장이 있었고, 특히 교황 율리우스 2세는 이탈리아 반도를 직접 공격하면서 야망을 달성하는 지렛대로 피렌체를 활용한다. 그는 피렌체를 손아귀에 넣고서 마음대로 좌지우지하기 위해 메디치 가문이 피렌체 정권을 재탈환하기를 원한다. 급기야 율리우스 2세는 프랑스를 버리고 에스파냐와 동맹을 맺고, 에스파냐 군대가 1512년에 피렌체를 공격해 들어올 때 메디치 가문도 따라 들어온다. 피에로는 귀환하는 도중에 전쟁터가 아니라 불어난 강물에 휩쓸리는 어처구니없는 사고로 사망한다. 그래서 문예를 사랑하고 정치적 야심도 별로 없고, 그다지 건강하지도 않은 줄리아노가 피렌체의 과도 정부를 맡는다.

줄리아노는 막연하게나마 마키아벨리와 문예적 인연을 맺었던 사람이다. 줄리아노의 부친인 위대한 로렌초는 피렌체의 통치 수반이던 시절에 폴리치노와 더불어 1492년판 작은 문집을 출판하는데, 23세의 마키아벨리도 시 세 편을 더불어 수록한다. 마이클 화이트는 마키아벨리의 세 편 가운데 한 편은 13살짜리 줄리아노에게 바치는 시였다고 주장한다. 만약 어린 줄리아노의 뇌리에 시를 바친 마키아벨리의 문학적 출중함이 풋풋하게 각인되었다면, 마키아벨리가 감옥에서 탄원시를 쓰면서 줄리아노의 호의를 불러일으키려고 한 데는 나름 맥락이 있다. 마키아벨리는 『군주론』의 헌정과 관련해 베토리에게 보낸 편지에서도 "줄리아노에게 헌정했으면"(1513년 12월 10일)이라는 속내를 먼저 내비쳤다.

그렇다고 해도 조언 내용이 줄리아노에게 국한된다고 속단해서는 안 된다. 그 본질적 내용은 마키아벨리가 궁정 예복을 입고 저녁마다 고대인과 대화를 나누면서 도출한 '초역사적' 행동 방식이기 때문이다. 줄리아노를 헌정 대상으로 겨냥하면서 논조와 강약에서 변화가 생긴다고 해도, 조언의 성격에서는 보편성을 지닌다.

마키아벨리는 고대 영웅들의 행적에 기초해 피렌체를 수호하는 대안을 체계적으로 정리한다. 그가 초역사적 의미를 부여하는 척도는 실제로 존재한 인물들에게서 나오기 때문에, 당대의 체사레 보르자에게도 적용 가능하고, 미래에 출현할 인물들에게도 해당된다. 그렇다면 줄리아노와 비교되는 체사레의 개성은 어떠했는가?

마키아벨리와 체사레 보르자의 협상, 평온함 속에 감춰놓은 마키아벨리의 절박함.

체사레는 잔인하고 교활하다는 소문이 무성한 사람이다. 마키아벨리는 체사레의 침입을 막아내라는 소데리니의 특명을 받고서 1501년에서 1503년 사이에 여러 번에 걸쳐 체사레와 독대한다. 그 과정에서 이탈리아를 건국할 군주의 능력을 체사레에게서 발견한다. 체사레는 상황에 맞추어 인내심을 달리하고, 요구 조건을 밀어붙이는 데서 완급을 조절하고, 타인의 잔인함을 사용하는 지략을 발휘하며, 필요시에는 용맹과 투지를 도전적으로 분출하는 역량도 충분했다. 마키아벨리는 줄리아노의 개성과 체사레의 특징을 비교하면서 군주론의 강약을 조율한다. 줄리아노가 보완해야 하는 점은 어떤 군주라도 갖춰야 할 기본 조건이다.

체사레와 닮은 조카 로렌초

줄리아노가 피렌체의 과도 정부를 맡고 있을 때 교황 율리우스 2세가 갑자기 사망한다. 줄리아노의 형인 조반니는 급하게 로마로 소환되고, 곧이어 1513년 3월에 레오 10세 교황으로 선출된다. 신이 난 줄리아노는 교황을 보좌하기 위해 로마로 따라가서 권위는 누리되 할 일은 별로 없는 그런 자리를 차지하기로 결심한다. 조반니와 줄리아노는 자녀가 없었기 때문에 피렌체의 통치를 1513년 8월에 피에로의 아들인 조카 로렌초에게 일임한다. 피에로의 아버지와 아들의 이름이 모두 로렌초다. 그래서 아버지는 위대한 로렌초라 부르고, 아들은 조카 로렌초라 부르겠다.

마키아벨리의 애초 바람과 달리 『군주론』을 저술하는 사이에 피렌체의 군주가 바뀐 것이다. 현실 논리를 중시하는 마키아벨리는 자연스럽게 『군주론』의 헌정 대상을 줄리아노, 조반니, 조카 로렌초로 확대하다가, 최종적으로 조카 로렌초에게

『군주론』을 헌정한다.

조카 로렌초는 문예를 좋아하는 심약한 줄리아노와 달리 용맹스러운 군인이었고, 게다가 그 직업을 사랑하는 무자비한 전사였다. 조카 로렌초는 피렌체의 통치를 위임받자 영토 확장에 대한 욕망을 노골적으로 표출하면서 군대 총사령관의 지위를 구축한다. 그래서 마키아벨리는 조카 로렌초를 체사레를 대체하는 인물로 간주한다.

시대의 요청으로서 군주국

마키아벨리는 피렌체에서 '군주적 지위'를 오랫동안 누려온 메디치 가문, 특히 문예에 조예가 깊은 위대한 로렌초와 줄리아노를 위해 탁월한 재능을 발휘하는 시를 청년 시절에 헌정했다. 그러나 메디치 가문이 측근들을 공직에 배치하면서 권력을 독점하고 공사를 구분하지 않는 무분별한 과두정을 강화하는 것에 대해서는 마키아벨리도 비판 의식을 견지한다. 그래서 소데리니 정부의 서기장이 되자마자 마키아벨리는 피렌체의 자주권을 악순환에 빠지게 하는 저급한 정치 문화를 극복하겠다는 목표를 하나씩 하나씩 실행해나간다.

권력의 사유화에 대한 비판

피렌체에서는 마키아벨리와 비판 의식을 공유하는 시민들이 지배 가문을 내쫓는 방식으로 집단적 반란을 일으키곤 했다. 그에 반해 지배 가문의 부조리에 휘둘리면서 같이 부패하는 시민들도 계속 양산되고 있었다. 이런 혼란 속에서 사보나롤라가 정치권에 등장한다. 피에로의 정치적 미숙함에 분노한 시민들이 메디치 가를 해외로 추방하듯이, 사보나롤라는 공사 구분을 흐트러뜨리는 위대한 로렌초의 통치 방식을 비판하는 길거리 연설을 통해 시민들의 열렬한 지지를 얻는다. 그렇게 권력을 장악한 사보나롤라는 공화제를 강화하기 위해 「대평의회 제도」도 제안하고, 세제를 개혁하는 「부동산 소득에 관한 십진세법」과 「도시총개혁」 법안도 제정한다.

그런데 피렌체가 피사를 탈환하려고 사활을 건 시점인데도 사보나롤라는 오히려 피사의 독립을 자극한 샤를 8세와 화평한 관계를 맺으면서 이탈리아의 도시들과 대립각을 세운다. 그는 공화제의 기틀을 잡으려고 노력했지만, 동성애 문제처럼 종교와 관련한 도덕적 사안에서는 공포정치를 펼친다. 이런 식으로 정적이 늘어난 사보나롤라는 시민들의 손에 의해 화형당하고, 뒤이어 소데리니 공화정이 탄생한다.

주저 없이 군주국으로 전환

마키아벨리는 소데리니 공화정에서 제2서기장으로 발탁되자 법률과 제도를 개혁하려고 혼신의 노력을 기울인다. 그러던 그가 서기장 직에서 해직된 후에 『군주론』을 저술할 때는 어처구니없게도 아무 거리낌 없이 군주의 역할에 대해 논하고, 군주정과 관련해서도 딱히 거부하지도 비판하지도 않는다. 공화국의 서기장이던 사람이 이렇듯 재빠르게 군주국과 신정정치에 동조해도 되는가?

마키아벨리는 현실 논리를 따르는 사람이다 보니 그에게는 현 정권의 미래에 대해 논하지 못할 이유가 없었다. 당면한 상황에서 효율적 결과를 낳도록 박차를 가하는 것이 그 자체로 중요했기 때문이다. 그런데 이 대목에서 시대를 넘나드는 마키아벨리의 기본 입장을 상기할 필요가 있다. 그는 현실 논리에도 불구하고 자신이 펼치는 주장이 보편적 원리에 준하는 타당성을 확보했다고 자신한다. 그가 『군주론』에서는 거론하지 않지만, 그의 삼부작을 관통하는 기본 개념은 일반성과 개별성, 추상성과 구체성의 관계다. 그러므로 구체적 사건을 논하면서도 그 의미를 '일반적 원리'와 접목한다는 마키아벨리의 입장을 『군주론』의 「헌정사」를 통해 아래처럼 확인해보자.

> 다른 사람들이 전하에게 복종한다는 징표로 금은보화를 드리듯이, 저도 소중한 것을 드리고 싶습니다. 그러나 최근 발생한 사건들과 관련해 제가 축적한 경험과 고대 역사를 꾸준히 공부하면서 습득한 위대한 인물들의 행위에 대한 지식만큼이나 소중하거나 가치 있는 것은 없다고 깨달았습니다.(『군주론』, 「헌정사」)

이때 위대한 인물은 보편성과 개별성의 관계를 함축하며, 고대 로마의 영웅이면서 동시에 15세기 피렌체의 신생 군주이기도 하다. 마키아벨리는 고대 로마인이 건국 과정에서 보여준 행동 양식을 피렌체의 신생 군주에게 적용해도 된다는 입장을 에둘러 표현한 것이다.

군주론에 대한 오랜 고민

마키아벨리는 공화국을 꿈꾸던 사람이 아니던가? 그래서 혹자는 『군주론』보다는 『리비우스 논고』가 더 중요하기 때문에 『군주론』은 밟고 지나가야 한다고 주장한다. 그러나 몇 세기 동안 『군주론』을 둘러싸고 일어난 추문과 양가적 해석을 반추하면, 혹자의 문제제기는 그리 간단한 사안은 아니다. 피렌체에 닥쳐오는 위협을 막아내야 하는 급박한 사안에 매달린 마키아벨리의 인생 역정을 통관하면 군주의 사명을 부각해야 하는 맥락이 존재하기 때문이다.

마키아벨리는 국내외 사안을 연결하는 서기장 직을 수행하면서 외교관으로, 때로는 친선 사절로, 때로는 첩보원으로 활약한다. 피렌체가 처한 절체절명의 위기를 벗어나게 하려고 강대국의 군주나 황제의 생각을 염탐하는 일도 그의 몫이었다. 그는 국제적 변수를 한꺼번에 조망하는 정치적 통찰력과 협상력을 발휘하면서 오랫동안 군주의 능력과 역할을 숙고했다. 통치 수반의 판단력과 결단력이 매순간 도시의 운명을 좌우한다는 것을 경험하면서, 마키아벨리는 소데리니의 개성 때문에 발생하는 난점과 한계에 대해서도 안타까워한다.

그래서 『군주론』의 기본 구상은 조국을 안전하게 지켜내려면 이탈리아를 통일할 역량과 전사의 기질이 있는 군대 통수권자가 출현해야 하고, 그 역할을 수행할 실제 군주를 현실에서 제시하는 것이다. 마키아벨리는 피렌체를 장악하고자 하는 체사레 보르자의 야심을 제어하라는 소데리니의 명을 받고서 1501년에서 1503년 사이에 걸쳐 체사레와 협상하게 되는데, 그 과정에서 역량과 행운을 갖춘 군주의 상징성을 그에게서 발견한다.

여러 번의 협상에도 불구하고, 1503년 1월에 최종적으로 체사레가 소데리니의 의도대로 마음을 바꿀 생각이 없다는 결론에 도달하자, 마키아벨리는 귀국길에 오른다. 체사레는 프랑스 왕의 여동생과 결혼한 후에 발렌티노 공작이라는 칭호를 얻었기 때문에, 마키아벨리는 「발렌티노 공이 비텔리초를 죽일 때 사용한 방법」이라는 보고서를 정부에 제출한다.

이 보고서에는 체사레가 경쟁 상대나 적대 세력을 제거하기 위해 무자비함, 잔인함, 간교함, 타인의 잔인함을 교묘하게 사용하는 지략이 실려 있다. 체사레는 경쟁자를 제거하는 자신만의 방법을 사용해 인민들 사이에서 호의를 획득하는 길도 터득한다. 이런 내용들을 담아낸 마키아벨리의 보고서는 내용면에서 『군주론』의 원형에 해당한다. 마키아벨리가 서기장 직에서 해직된 해는 1511년이고, 이 보고서를 작성한 해는 1503

년이다. 그러므로 『군주론』에 대한 구상은 한두 해에 이루어진 것이 아니라, 그의 인생 역정과 함께한 것이다.

마키아벨리의 개인사를 통관하면 『군주론』의 구상이 언제부터 본격화되었는지, 그리고 『군주론』의 역할은 무엇인지를 소략하기는 힘들다. 그러므로 군주국인가 공화국인가라는 양자택일과 같은 태도를 떨쳐버리고, 마음 가볍게 군주국의 분류로 진입해보자.

군주국의 분류

피렌체 공화국은 어중간한 과두제를 오랫동안 유지했지만, 소데리니 정권이 정치 문화를 개선하는 법률을 보완하면서 공화정을 강화한다. 피렌체의 최고 권력 기관은 '시뇨리아(signoria)'라고 불리는 정부인데, 정부 수반에 해당하는 의장(정의의 기수)과 총무 8명으로 구성된다. 총무들은 대조합의 추천으로 6명, 소조합의 추천으로 2명을 결정한다. 시뇨리아는 구성원을 뽑는 하부 위원회들을 두고, 정부 실무를 집행하는 2개 서기국(서기장)과 그 아래의 행정기관(사무관)을 운영한다. 정부

르네상스 시기의 예술문화에 대한 경쟁

르네상스 시기에 이탈리아의 도시국가들은 문화 수준이 높은 국가가 최고로 강력한 국가라는 경쟁 패러다임을 만들어낸다. 유력 가문은 뛰어난 예술 작품을 경쟁적으로 구매하고, 전도유망한 예술가를 앞다투어 자기 휘하의 식솔로 만든다. 밀라노 공국의 루도비코도 위세를 떨치기 위해 레오나르도 다빈치를 고용해 「최후의 심판」을 그리게 하고, 그의 과학적 수준을 활용해 화려한 축제와 신기한 건축물을 선보인다.

는 공직을 맡은 사람들이 권력을 남용하지 않도록 재임 기간을 2개월에서 1년 단위로 짧게 설정한다. 그러다 보니 책임을 맡은 자가 자주 바뀌면서 업무의 비일관성과 불안정성이 가중된다. 이 난점을 최소화하기 위해 통치 수반의 임기는 종신직으로, 서기장 직은 연임이 가능하도록 제도를 변경하는 융통성도 발휘한다.

행정직과 관련되는 설명을 언뜻 들여다보면, 시민 대부분이 통치 조직의 하부 단위에 소속되어 정치에 참여하는 것처럼 착각을 일으킨다. 그러나 하층민은 소조합에 가입하기에도 버거울 정도로 조건이 만만치 않아서 언뜻 일으키는 착각과는 반대 현상이 많았다. 그래서 마키아벨리는 피렌체 공화국을 엄밀한 의미의 공화국으로 간주하지 않는다.

권력을 좌우한 사람들은 유력시민이고, 소수의 지배 가문이 공화정의 외피를 쓰고서 통치자의 배후에서 막강한 영향력을 발휘했기 때문에, 실제로는 군주국이나 다름없었다. 막후 세력은 권력을 독점하는 행태가 문제라는 것을 인민들이 자각하지 못하도록 자구책도 고안해낸다. 화려한 축제나 신기한 전시회를 주최해 뛰어난 문화를 향유한다는 자부심을 인민들이 갖게 하고, 방탕하게 소비하는 행사를 개최해 인민들의 정치적 비판력을 약화시킨다. 마키아벨리는 이런 현상들까지 모두 감안하면서 당시에 실존하는 국가들을 군주국의 유형 분류에 포함한다.

실존하는 군주국의 유형

마키아벨리는 평등이 상당히 실현되어 있거나 평등에 대한 믿음이 강한 사회는 공화국을 건국하고, 불평등이 만연한 사회는 군주국을 건설한다고 명시한다. 국가를 계속 유지하려면 이런 이분법을 견지할 수밖에 없다는 맥락에서다. 그러나 『군주론』에서는 그런 이분법적 가치관이나 평등과 불평등이라는 척도를 논의 주제로 등장시키지 않는다. 그는 단지 정체 구분에 기초해 군주국을 소개하고, 군주국을 크게 두 가지로 대별하는

데 집중한다.

> 인간을 지배하는 권리를 지닌 국가나 정체는 공화국이거나 군주국입니다. 군주국은 (동일 가문의 후손들이 통치해온) 세습 군주국이거나, 아니면 신생 군주국입니다. 신생 군주국은 (프란체스코 스포르차가 통치하는 밀라노처럼) 전적으로 새롭게 탄생한 군주국이거나 (에스파냐 왕이 통치하는 나폴리 왕국처럼) 세습 군주국에게 정복당해 그리로 편입된 군주국입니다.(『군주론』, 1장)

마키아벨리는 공화국과 대비되는 군주국을 '세습 군주국'과 '신생 군주국'으로 구별한다. 논의를 한참 따라가면 그는 기본 분류와는 달리 특이점이 있는 유형들을 추가로 덧붙인다. 특이한 사례는 '교회형 군주국'과 '시민형 군주국'이다. 그는 이런 유형을 도입하기 위해 "군주국을 획득하고 유지하는 방법"을 주제로 내건다. 이 논의는 차후에 '군주의 자격 조건'을 제시하는 내용과 유기적으로 연결된다.

피렌체의 정체가 메디치 군주정으로 전환하는 것을 지켜보는 처지였으니, 마키아벨리에게는 신생 군주국이 초미의 관심사였다. 그래서 그는 세습 군주국의 특징을 간략하게 설명하고 나서 신생 군주국을 장황하게 논의하는 데로 넘어간다.

세습 군주국

세습 군주국은 통치하는 가문의 후손들이 정권을 이어받기 때문에 혈통이 가문의 권위와 정당성을 지지해준다. 태생적 요인이 신민들의 거부 반응을 미리 방어해주기 때문에, 세습 군주는 선조들이 닦아놓은 질서를 바꾸지 않으면서 불의의 사태에 적절히 대처하기만 해도 별문제 없이 권좌를 유지할 수 있다. 신민과 군주의 관계가 관습 형태로 정착되기 때문에 신민들은 군주의 어떤 행동이든 타성적으로 수용할 자세를 갖추고 있다.

여기에서 마키아벨리가 세습 군주국을 안정적으로 유지하는 조건이면서 유의 사항으로 제시하는 내용은 급격한 개혁을 단행하지 말라는 것이다. 개혁에 대한 경계, 그것도 "급격한 개혁에 대한 경계"가 강조점이다. 마키아벨리는 메디치 가문이 소데리니 공화정을 내몰고 과도 정부를 운영하던 시기에 조반니에게 보낸 편지에서도 지난 정권을 너무 비판하지 말고, 통치 방식을 너무 급하게 개혁하지 말라고 진언했다. 관습과 타성이 얼마나 엄청난 효과를 발휘하는지를 마키아벨리는 익히 가늠하고 있었다.

그런데 안정적으로 유지하는 핵심을 관습과 타성으로만 환원해도 될까? 마키아벨리가 염두에 둔 다른 행간은 없을까? 그는 같은 공간에서 치열하게 당파 싸움을 벌이는 집단들을 아우르는 통합의 정신을 내비친 셈이다. 군주국을 세우더라도 공화국에 익숙한 시민들의 관습을 반영해야 한다는 것이다. 밀물이 썰물이 되고 썰물이 밀물이 되는 것이 자연의 순리다. 시민들이 분노해 유력 가문을 해외로 추방하던 과거처럼 상황이 반전하는 권력의 논리를 표명하는 마키아벨리의 고도의 전략이다. 시민들이 분노해 메디치 군주국을 언젠가 또다시 공화국으로 반전시키고, 시민들의 환호를 받으면서 복귀한 메디치 가문이 언제 또 쫓겨날지는 알 수 없는 노릇이다.

신생 군주국

신생 군주국에는 여러 내부 유형이 존재한다. 첫째, 전적으로 새롭게 군주국을 독자적으로 형성하는 경우다. 둘째, 어떤 국가가 세습 군주국에 병합되면서 거대한 군주국이 형성되는 경우다. 편입되는 국가가 기존에는 공화국이었을 수도 있다. 세습 군주국으로 병합되면서 거대하게 형성되는 신생 군주국은 일명 '복합 군주국'이라 부르기도 한다.

신생 군주국의 원초적 의미에 부합하는 사례는 스포르차가 건국한 밀라노 공국이다. 신생 군주는 세습 군주가 겪지 않을 저항과 난관에 봉착하기 때문에 맞닥뜨리는 고비를 극복하는 묘수를 발휘해야 한다. 스포르차의 후손들은 뛰어난 역량에도 불구하고 프랑스의 공격을 받았고 결국 프랑스 왕에게 체포된다. 이런 상황에서 신생 군주가 자신을 지켜내려면 침입자를 방어하는 '강력한 군사력'과 더불어 '신민의 호의'를 탄탄하게 얻지 않으면 안 된다.

피렌체 군주국은 첫 번째에 해당하는 신생 군주국이다. 메디치 가문이 소데리니 공화정을 혁파하면서 통치 구조를 자발적이고 독자적으로 군주정의 형태로 바꿔나갔기 때문이다. 피렌체도 여러 형태의 저항과 도전을 헤쳐나가야 한다. 그런데 한 국가의 내부에서 독자적으로, 게다가 자발적으로 군주국을 건설하는데, 왜 저항과 도전을 걱정해야 하는가?

복합 군주국은 국가들 사이에서 종주국과 예속국의 관계를 형성하기 때문에 예속국 주민들이 분리 독립을 하려고 해방 운동을 벌인다. 그에 반해 피렌체 군주국은 내부에서 독자적으로 일어났음에도 불구하고, 마키아벨리는 긴 호흡으로 논의를 이어가면서 군주의 역량과 처신 방법으로 그 연결점을 모아낸다.

복합 군주국이 겪는 어려움

기존 군주국이 다른 국가를 병합해 형성하는 신생 군주국은 복합 군주국이다. 이때 예속국은 자주권과 독립권을 상실하기 때문에 통치 질서와 관련해 어떤 형태로든 급격한 변화가 일어나는 것을 피할 수 없다. 만약 병합되는 국가가 과거에 공화국이었다면 주권이 박탈되는 것과 더불어 자유와 평등을 누리는 편차도 크게 느끼기 때문에 인민들의 저항은 거셀 수밖에 없다.

정복 국가가 피정복민의 거부 반응을 누르면서 정복지를 효율적으로 다스리려면, 저항을 최소화하는 방법을 강구하거나 저항을 대리로 해소할 완충 장치를 만들어야 한다. 이때 정복 행위는 항상 폭력과 기대를 수반한다는 점도 동시에 고려해야 한다.

> 신생 군주는 정복 행위를 하게 되면, 부득이하게 수많은 가혹 행위를 저지르면서 새로 편입되는 신민들에게 피해를 줄 수 밖에 없습니다. 군주국을 확장하거나 병합하는 군주는 결국에는 피해자들의 적이 됩니다. 그에 반해 전하가 통치자의 지위에 오를 때까지 결정적 역할을 한 사람들을 충분히 만족시킬 수 있는 것도 아닙니다. 그래서 그들과는 우의가 깨지게 됩니다.(『군주론』, 3장)

무력 갈등과 전쟁이 일어나는 곳에서는 인민들 간의 육박전, 잔인한 살육, 민간인들의 무고한 피해가 발생한다. 신생 군주는 새롭게 편입되는 지역의 주민들을 학살했다는 사실과 그로 인한 후유증을 겪어내야 한다. 어차피 학살이 일어날 수밖에 없는 상황이면 가능한 한 최대의 방어막을 구축하는 데서 해법을 찾아야 한다.

마키아벨리는 부작용을 최소화하려면 학살 방법과 이후의 처리 방식에서 지략이 필요하다고 주장한다. 주민들의 저항 여부를 가르는 기준은 신생 군주의 대처이다. 무엇보다도 신생 군주는 가급적 "지역 주민의 호의"를 얻는 방법을 고민해야 한다.

교회형 군주국과 시민형 군주국

세습 군주국과 신생 군주국이라는 분류로만 환원할 수 없는 '별도의 특징'을 독특하게 지닌 군주국들도 존재한다. 별도의 특징이 강력한 유형에는 교회형 군주국과 시민형 군주국이 존재한다.

교회형 군주국은 로마 교황청과 관련되는 신정정치의 성격을 지닌다. 신정정치는 국가의 통치자를 교황이 지정하거나 교황이 재가라도 해야 하는 구조다. 프랑스의 루이 12세처럼 이혼을 하려면 교황의 승인을 받아야 하기 때문에 승인의 반대급부로 교황의 정치적 개입을 감내하게 된다.

그런데 마키아벨리는 교황의 권력이 정치 수반들의 힘을 압도할 정도로 강해진 것은 영토 확장에 휩싸인 강대국의 왕들 때문이고, 때맞춰 등장한 알렉산데르 6세 교황이 아들 체사레와 함께 강대국과 야합했기 때문이라고 주장한다.

이에 반해 시민형 군주국은 건국 주체와 관련해 어떤 형태의 군주국보다도 더 큰 정치적 개방성을 지닌다. 그래서 마키아벨리는 시민형 군주국의 건국 주체를 기존에 군주적 지위에 있던 사람보다는 '일개 시민'에서 '군주의 지위'로 새롭게 올라간 사례에 더 주안점을 두면서 설명한다. 기존에 이미 확보한 권위가 없었던 일개 시민이 건국하는 시민형 군주국은 인민의 호의를 얻는 것이 다른 어떤 유형보다도 훨씬 더 중요하기 때문이다.

군주국을 획득하고 유지하는 방법

건국 주체에게 가장 중요한 토대는 군사력을 갖춘 군주의 능력이다. 그래서 마키아벨리는 체사레 보르자를 대표 사례로 도입한다. 체사레는 군주의 이상적 모델이 아니라 현실적 모델이기 때문에, 그를 설명하는 과정에서 교회형 군주국과 시민형 군주국의 특징이 도드라져 나오면서, 바람직한 군주국이 무엇인지가 암묵적으로 드러난다. 마키아벨리는 외관상 군주국을 설명하는 것처럼 보이지만, 모호한 글쓰기를 통해 갈림길을 만들어낸다. 갈림길을 만들기 위해 그는 "군주국을 획득하고 유지하는 방법"을 상세히 서술해나간다.

> 영토를 획득하는 방법에는 타인의 무력을 사용하는 경우와 자신의 무력을 사용하는 경우가 있습니다. 다른 요소로는 행운(fortuna)에 의한 경우와 역량(virtú)에 의한 경우가 있습니다.(『군주국』, 1장)

군주가 첫 번째 조건으로 자신의 무력을 갖춰야 하는 이유는 외국군이나 용병과 같은 '타인의 무력'에 의지하면 후폭풍에 시달리기 때문이다. 외국군이나 용병은 그들의 조국을 위해 싸우는 것이 아니라서 전쟁 한가운데서 목숨을 걸 이유가 없다. 그래서 이들은 결정적 순간을 회피하거나 치열하게 싸우지 않을 상황을 만들어낸다. 그러다가 승리를 거두면 공로를 떠벌리고 유세를 하고 심지어 자만심에 들떠서 군주의 자리를 위협하기도 한다.

그래서 건국자는 자국 군대를 갖춰야 한다. 그런데 자신의 무력 이외에도 '타인의 호의'가 상황을 반전시키는 현상도 비일비재하게 나타난다. 당시에 피렌체의 신생 군주에게 강력한 타인의 호의는 교황 내지 교황이 안겨주는 '권력 집단의 호의'다. 그러나 마키아벨리가 보편적으로 제시하는 호의는 '인민의 호의'나 '동료 시민의 호의'이며, 그런 호의를 만들어낼 때 군주국을 오래 유지할 수 있다.

행운보다는 역량

영토를 획득하는 방법에서 범례적 인물상이 갖춰야 하는 두 번째 조건은 역량과 행운이다. 두 조건을 제대로 갖추어야만 군주적 지위를 안전하게 차지할 수 있는 사례가 일개 시민이기 때문에, 마키아벨리는 일개 시민에서 군주로 뛰어오른 사례를 장황하게 분석한다. 일개 시민이 군주국을 건국하려면 특별한 역량과 더불어 타인의 호의라고 할 수 있는 특별한 행운도 필요하다.

행운에는 여러 종류가 있다. 체사레와 조카 로렌초의 경우에 비추어보면 신생 군주의 특별한 행운은 '로마 교황의 지지'다. 체사레는 알렉산데르 6세 교황의 아들이고 조카 로렌초는 작은아버지가 레오 10세 교황이었기 때문에, 이들은 종교적 권위를 덤으로 얻은 행운아들이다. 체사레와 조카 로렌초는 딱히 노력을 기울이지 않았어도 신생국을 건설할 수 있는 '운명적 행운'을 남다른 특혜로 거머쥔 사람들이다.

그러나 온갖 난관을 헤쳐나가려면 군주가 강력하게 갖춰야 할 자격 조건은 행운보다는 역량이다. 왜냐하면 행운의 신은 변덕을 부리기 때문이다. 행운의 변덕 때문에 체사레는 탁월한 역량과 행운을 미처 사용하지도 못하고 쓰러진다. 타인의 군대와 호의에 의존하는 것은 싸움에서 승산이 없다는 것을 깨달은 체사레는 본격적으로 자기 군대를 양성하기까지 했다. 마키아벨리는 체사레가 자기 성찰을 하면서 진화하는 것을 지켜보았고, 체사레의 최종 목표가 도시국가들을 통합해 이탈리아를 건국하는 것이라는 점도 눈치를 챘기 때문에, 체사레를 모델로 삼은 것이다. 그런데 체사레는 부친과 더불어 대접받은 차 한 잔 때문에 중병을 얻는다. 체사레의 행운이 변덕을 부려서 모두 물거품이 되었다.

체사레의 절망과 심기일전

추기경 로드리고 보르자는 알렉산데르 6세 교황으로 선출되기 이전에는 체사레 보르자와 조반니 보르자를 혼외자식으로 기르고 있었다. 그는 큰아들 체사레를 피사 대학에서 신학 공부를 시키면서, 장차 자신의 종교적 야망에 일조하는 건실한

로마 교황의 지위에 대한 체사레의 절망

체사레는 자신의 부친이 교황 알렉산데르 6세로 선출되자 엄청난 권력을 누릴 수 있을 것이라고 기대했다. 그러나 교황은 주변 강대국의 황제나 군주의 견제를 받았기 때문에 실제로는 황제나 군주의 신하처럼 보였다. 이것이 체사레의 영토 확장에 대한 욕망을 더욱 자극한다.

아들이 되기를 바란다. 자신이 교황이 되자 아들 체사레에게 즉각 추기경 서품을 내린다. 그에 반해 동생 조반니는 군인으로 길러졌고 로마 교황청에서 근위대장으로 활동한다.

체사레는 천성적으로 전사의 역량과 기질을 가지고 태어난 사람이다. 그런데 오히려 동생이 군인으로 양육되고, 체사레는 추기경의 길을 걷는다. 체사레는 동생의 위세가 커지는 것을 질투해 1501년에 동생 조반니를 몰래 살해한다. 체사레가 이렇게 잔인한 짓도 마다하지 않는 무자비한 전사로 탈바꿈한 데는 여러 계기가 존재한다.

그는 부친의 뜻에 따라 사제의 길을 걸으면서 세속적 제약을 받아왔다. 자신의 피는 전사의 기질로 들끓는데 동생 조반니만 세속의 기회를 누리고 있으니 체사레의 상대적 박탈감은 이만저만이 아니었다. 게다가 체사레는 어느 날 자신의 세례명(Cesare)이 라틴어로 황제를 뜻하는 카이사르(Caesar)라는 것을

무자비함과 잔꾀를 지닌 군주, 체사레 보르자의 초상화.

알게 된다. 세례명의 라틴어적 의미를 깨닫는 순간, 그는 자신의 운명과 반대의 길을 걷고 있다고 절망한다. 그래서 그는 심기일전해 황제나 군주가 되기로 결심하고, 미래의 권력을 실현하기 위해 강력한 토대를 하나씩 구축한다.

피렌체를 중심에 두고 정복욕을 발휘한 사람은 체사레다. 그런데 알렉산데르 6세도 그런 야망의 연장선 위에 있다. 체사레의 성정은 정복 행위를 추진할 만큼 잔인무도하다고 널리 알려져 있었다. 그렇다면 알렉산데르 6세는 어떠한가? 알렉산데르 6세는 바티칸에서 날마다 성적으로 타락한 행위를 반복했고, 아들과 쌍벽을 이룰 만큼 보이지 않는 곳에서 잔인무도함을 발휘한다. 마키아벨리는 교황의 역사 가운데서 알렉산데르 6세가 가장 타락한 교황이라고 평가한다.

> 알렉산데르 6세는 어떻게 하면 사람들을 기만할 수 있는가에만 관심이 있었습니다. 그리고 그는 매번 사람들이 아주 쉽게 기만당한다는 것도 알았습니다. 매사를 강력하고 확고하게 약속하면서도, 그 약속을 지키지 않는 사람으로 알렉산데르 6세를 능가할 사람이 없을 정도입니다.(『군주론』, 18장)

세속적 욕망을 통제하면서 금욕적 삶의 모범을 보여주어야 하는 교황이 오히려 영토 확장에나 골몰하고, 그 목적을 달성하기 위해 기만과 거짓말을 일삼는다는 것이다. 게다가 교황청에 사절로 파견된 베스푸치가 마키아벨리에게 1501년 7월에서 8월 사이에 보낸 편지에 따르면, 교황은 밤마다 집단적 성행위를 벌이면서 문란함의 극치를 보여주고 가톨릭을 연쇄적으로 타락시킨다. 심지어 교황이 살인도 일삼는다는 내용까지 등장한다. 가령 자신의 반대자에게 독이 든 차를 제공해 천천히 살해하는데, 그것이 교황에게 부메랑으로 돌아와서 교황 부자를 쓰러뜨렸다.

체사레도 목표를 달성하기 위해 권모술수를 부린다. 그는 무인적 기질과 더불어 배후에서 모의를 하는 책략가 기질도 강했다. 좋게 해석하면 체사레는 정치적 시야도 넓고 풍부한 지략으로 상황을 반전하는 능력도 있었다. 그래서 그는 자신이 적을 직접 공격하기보다는 적들 사이에 분열을 일으켜서 스스로 무너지게 하는 설계자처럼 행동한다. 그는 무자비한 군인이지만 배후에서 사태 전체를 기획하고 조율하는 책략을 더 즐겼다.

동료 시민의 호의라면 달라질까

체사레의 경우처럼 특별한 행운이 배태하는 한계를 만회하려면 특별한 행운을 압도할 만한 타인의 보편적 호의를 얻으려고 노력하는 편이 더 낫다. 특히 일개 시민이 군주가 되고자 한다면 '인민들의 호의'를 얻는 것이 필수 조건이다. 마키아벨리는 『군주론』의 8장에서 일개 시민에서 군주적 지위로 올라가는 데는 "전적으로 사악한 수단을 사용하는 방법"과 "동료 시민의 지지를 얻는 방법"이 존재한다고 주장한다.

전자의 사례로는, 시칠리아에서 미천한 출신인 아가토클레스가 시라쿠사의 왕이 되는 경우와 교황 알렉산데르 6세 시절에 파올로 비텔리의 휘하에서 군사 훈련을 받은 페르모의 올리베로토의 경우가 있다. 이들은 모두 뛰어난 용맹성을 발휘했고, 목표를 달성하기 위해 전적으로 자신의 역량을 사용한 자들이다. 그런데 마키아벨리는 이들을 역량과 행운을 지닌 사람으로 분류하지 않는다. 그는 사악한 방법을 사용하는 자에게는 역량이나 덕을 의미하는 비르투를 적용할 수 없다고 주장한다.

> 동료 시민을 죽이고, 친구를 배신하고, 신의가 없이 처신하고, 무자비하고, 반종교적인 것을 덕이라고 불러줄 수는 없습니다. 그런 식으로 권력을 잡을 수는 있어도, 영광을 얻을 수는 없습니다.(『군주론』, 8장)

마키아벨리는 용맹성과 잔인함에서도 옥석을 가리고 있다. 체사레도 사악한 방법을 사용한 앞의 경우들처럼 용맹하게 움직였고 무자비한 전사로서 맹위를 떨쳤다. 그러나 마키아벨리는 체사레를 그들과는 다른 차원에서 평가한다. 마키아벨리는 1503년에 작성한 「발렌티노 공이 비텔리초를 죽일 때 사용한 방법」이라는 보고서에서 체사레가 잔인한 지략을 어떻게 사용했는지를 설명한다. 그때 체사레의 행위는 잔인했지만 『군주론』의 원형이 되었다. 그러나 아카토클레스와 올리베르토의 행위는 그저 사심을 충족하려고 사악한 방법을 사용한 것에 지나지 않으므로, 역량에서 나오는 품격과 인간다운 효과를 지니지 못한다는 것이다.

이것을 이해하려면 일개 시민이 '동료 시민의 호의'에 기초해 군주가 되는 방법으로 넘어가야 한다. 마키아벨리는 동료 시민의 호의에 토대를 두는 국가를 '시민형 군주국'이라 부른다. 그런데 행운의 신이 변덕을 부리듯이 시민의 호의도 제로섬 사회처럼 극과 극의 널뛰기를 하기 때문에, 군주는 인민들의 호의와 변덕 사이에서 줄타기를 잘해야 한다.

피렌체 군주국을 건국한 이후에도 장기적으로 인민의 지지를 획득하려면 신생 군주는 시민형 군주국의 본질적 특징에 신경을 쓰지 않을 수 없다. 메디치 가문은 피렌체는 소위 교회형 군주국이라서 시민형 군주국도 아니고, 군주에게 필요한 행운도 교황의 지지라는 '남다른 행운'에 토대를 둔다. 그러나 군주국을 계속 유지하려면 피렌체의 신생 군주도 교황의 지지라는 남다른 행운을 '인민의 지지'라는 '일반적 행운'으로 변화시키는 과정을 겪어내야 한다. 그렇다면 어떻게 하면 '인민의 호의'를 지속적으로 얻어낼 수 있을까? 신생 군주가 인민의 호의를 이끌어내는 본질적 요소 내지 전환점은 무엇일까?

> 군주가 타인을 해치지 않고 명예롭게 행동하는 것만으로는 귀족을 만족시킬 수 없습니다. 그러나 그렇게 행동하는 것만으로도 인민은 만족시킬 수 있습니다. 인민의 목표가 귀족보다 더 명예롭기 때문인데, 가령 귀족은 그저 억압하려고만 드는데, 인민은 억압당하는 데서 벗어나는 것에 초점을 둡니다.(『군주론』, 9장)

일개 시민에서 군주가 된 사람이 정권을 지속하려면 가급적 동료 시민의 호의를 더 많이 획득해야 한다. 이때 관건은 인민을 여타의 억압에서 해방하는 것이다. 인민을 억압에서 벗어나게 하는 것이 '시민형 군주국'의 본질이다. 귀족의 태도는 대체로 타인을 억압하려고 하고 자신의 권력과 재력을 증대하는 것에 좌우되지만, 인민은 공통적으로 '억압받지 않는 것'에 초점을 두기 때문이다. 이것은 평등 욕구를 배면에 지닌다. 자유롭게 평등을 누릴 수 있도록 통치를 조율하고 사회에 평등이 관철된다는 믿음을 인민들이 갖게 하는 것이 군주가 인민의 호의를 유지하는 방법이다.

마키아벨리는 군주국의 정권을 유지하는 차원에서 인민의

호의와 평등을 논하지만, 평등 문제는 공화국을 건국하는 사회적 특징과 더 긴밀하게 연결된다. 그는 『군주론』에서 공화정과 관련한 내용을 거의 언급하지 않는다. 그런데 그가 인민의 호의를 얻기 위해 부각하는 '억압에서 해방'이라는 발상은 『리비우스 논고』의 1권 55장에서 '현명한 건국자'라면 불평등이 보편적으로 존재하는 곳에서는 군주국을 건설하고, 평등이 보편적으로 존재하는 곳에서는 공화국을 건설한다고 천명하는 것과 연결된다.

달리 말하면 그는 이상적 통치 조직을 기획할 때도 군주의 역할을 거부하지 않으며, 군주국의 도래에 저항하지 않는다. 군주가 어떻게 정권을 운영하는가에 따라서 사회 체제를 다르게 형성할 여지는 얼마든지 존재하기 때문이다.

군주의 처신 방법으로서 법과 힘

통치자가 새로운 국경을 확실하게 설정하거나 여러 도시국가를 한 국가로 통일하겠다는 야망이 있다면, 점령지 주민들이 일으키는 반란과 저항까지 제압하는 '강력한 권력'을 지녀야 한다. 당시 유럽 국가들은 비일비재하게 전쟁에 휩싸였기 때문에 "최고의 방어 수단은 공격이다"라는 사고방식을 지녔다. 그런 맥락에서 마키아벨리도 영토 확장을 시도하는 것 자체는 비난하지 않는다. 그는 결과론적 판단 기준을 지닌 사람처럼, 영토 확장을 향한 공격에 대한 비난은 승패 여부와 군주의 능력 차이에 따라 달라진다고 주장한다.

> 영토 확장에 대한 욕망은 아주 자연스럽고 정상적입니다. 성취할 수 있는 역량을 지닌 자들이 그 욕망을 실천에 옮기면 칭송을 받거나, 아니면 문제가 생겨도 최소한 비난받지는 않습니다. 그러나 성취할 역량이 없는 자들이 무작위로 욕망을 추진하면, 비난만 받는 실책이 됩니다.(『군주론』, 3장)

마키아벨리는 『군주론』에 뒤이어 『전술론』에서도 군주의 사명은 '영토 확장'이라는 발언을 서슴지 않고 내뱉는다. 피렌체 공화국을 군주국으로 바꾸고 있는 신생 군주도 내치를 안정적으로 유지하려면, 피렌체의 내정에 부당하게 간섭하면서 침입을 일삼는 외세를 막아내는 물리력과 외교력을 풍부하게 지녀야 하고, 여차하면 선제공격도 구상해야 한다.

그런데 군주의 지위를 지속시키는 권력은 군사력을 갖추는 것만으로는 충분하지 않다. 싸움터에서 지휘관의 용병술이 승패를 가르듯이, 군주가 외교력과 전술을 어떻게 구사하는가에 따라서 판세가 달라지기 때문이다. 군주국의 존망은 군주가 호적수와 대적하면서 어떻게 처신하는가에 좌우된다.

군주의 권력과 군사력이 아무리 강력해도 권력은 그 속성

상 홀로 발휘되는 것이 아니다. 권력은 다른 이와 관계를 맺을 때 현상하기 때문에 관계 구조를 본질적으로 배태한다. 그러므로 권력을 행사하는 주체는 반드시 타인이나 타국을 의식해야 하고, 최선의 결과를 산출하려면 관계 항과의 사이에서 작용과 반작용, 능동과 수동의 과정을 철저히 견뎌내야 한다.

군주의 관계 항으로서 '인민의 호의'는 권력이 발양하는 방향과 정도에서 지대한 영향을 끼친다. 그렇다면 군주는 인민에게서 나오는 반작용과 영향력에 어떻게 대처해야 하는가? 마키아벨리는 권력의 상호성과 관련되는 군주의 일반적 행동 양식을 "군주의 처신 방법"으로 개념화한다. 군주의 자격 조건은 군주의 처신 방법을 서술하는 데서 선명해지기 때문에, 『군주론』의 후반부는 처신 방법에 대한 장황한 설명으로 이어진다.

마키아벨리는 고대 로마의 사건과 15세기 이탈리아 반도의 사건을 서로 대비하면서 구체적 사례와 예증을 축적해 처신 방법을 귀납적으로 도출한다. 그가 그 속에서 견지하는 관점을 총체적으로 평가하면, 그는 '윤리학적 관점'에서 '정치학적 관점'으로 이동한다. 군주는 국익을 위해 타국과 외교적 협상을 벌이는 현장에서는 윤리학과 정치학을 구분해야 하고, 정치학적 행동을 윤리학과는 다른 가치로 재단하는 틀을 가져도 된다.

그렇다면 군주의 처신 방법에는 도덕적 차원과 관련되는 일말의 가능성도 없는가? 관련 예들과 논조만 보면 마키아벨리를 비도덕적이고 비인격적이라고 비난해도 될 만큼 냉혹한 주장들이 이어지기 때문이다. 그는 정치적 이해관계가 충돌하는 현장에서는 냉혹하고 무자비한 것이 더 인간적일 수 있다고 한다.

인간은 어떻게 살아야 하는가

마키아벨리가 『군주론』에서 견지하는 관심사는 윤리학이나 도덕철학이 아니라 정치학과 외교 전략이고, 군주가 통치 능력을 어떻게 사용해야만 효율성이 극대화하는가에 해당한다. 결과의 유용성뿐 아니라 군주의 운용 능력에서도 최대의 효용성을 발휘하려면, 시공간적 조건에 비추어 맥락적으로 사고하라는 것이다.

윤리학의 절대적 원리를 탐구하고자 했던 고대 철학자들 가운데서 아리스토텔레스는 『니코마코스 윤리학』에서 윤리학의 원리를 플라톤의 영혼삼분설에 기초해 지혜, 용기, 절제, 정의라는 4가지 덕으로 전개한다. 그러나 그는 플라톤과 달리,

삶의 현장에서 발생하는 변수와 우연성 때문에 동일한 덕이라고 해도 그 덕을 실천하는 행동 방식은 달라져야 한다고 주장한다. 동일한 행동에 대한 가치 판단도 문맥에 따라서 평가가 달라진다.

가령 어떤 경우에는 저항하는 것이 용기이지만, 다른 경우에는 물러서는 것이 용기다. 아리스토텔레스는 삶의 현장에서 일어나는 변수들을 고려해 행동을 다르게, 행동에 대한 가치 평가도 다르게 하는 실천력과 판단력을 프로네시스(실천적 지혜)라고 규정한다. 보편적 도덕 법칙도 실천하는 조건에 따라서 다르게 조율하는 총체적 사고 능력이 실천적 지혜다.

마키아벨리의 발상도 현실 논리를 도입하는 대목에서는 아리스토텔레스와 유사하지만, 마키아벨리는 자신의 책에서 플라톤이나 아리스토텔레스의 윤리학을 굳이 언급하지는 않는다. 설상가상으로 마키아벨리는 청년기에 세 편의 시를 창작해 위대한 로렌초의 문집을 빛나게 했으면서도, 위대한 로렌초가 선호하는 플라톤의 덕론과 그에 준하는 통치 방식에는 비판적 거리를 둔다. 권력을 독점하고 공적 권력을 사유화하는 기반이 위대한 로렌초의 철학적 통치자론 내지 고대적 덕론과 연결된다는 심증을 지닌 마키아벨리로서는 플라톤의 4덕을 통치 원리로 삼는 것이 탐탁할 수 없다. 마키아벨리는 공화정을 튼실하게 하기 위해 소데리니와 의기투합해 새로운 법과 제도를 제정하고 공적 권력을 객관적으로 행사하는 수단을 고안해내려고 했으니, 플라톤에 대한 마키아벨리의 태도는 능히 이해할 수 있다.

플라톤적 덕론의 연장선에 있는 아리스토텔레스의 윤리학도 마키아벨리에게는 그리 달갑지 않을 가능성이 높다. 그런 맥락에서 루이 알튀세르는 한국에서 『마키아벨리의 가면』이라고 번역된 『마키아벨리와 우리』라는 저서에서 고대를 동경하던 마키아벨리가 왜 고대 철학자에 대해서는 일절 언급하지 않았는지에 대한 의구심을 던진다. 그러면서 알튀세르는, 마키아벨리가 지배적 이데올로기의 가상적 성격을 비판하기 위해 일부러 고대 철학자와 단절하는 태도를 취한 것이라고 추정한다.

마키아벨리도 아리스토텔레스의 실천적 지혜를 수용하는 현실 논리적 태도를 지닌다. 그러나 윤리학적 차원을 제거하면서 정치학적 태도로 전환하는 것이 마키아벨리의 시급한 목표다. 목표는 그러하지만 아리스토텔레스의 관점을 『군주론』에 대입해 문헌학적 해석의 한 축으로 삼아본다면, 군주가 권력을 행사할 때 발휘하는 실천적 지혜는 "군주의 처신 방법"으로 유비할 수는 있다. 그러나 아리스토텔레스는 윤리학적 원리를 논하고 마키아벨리는 정치학적 원리에 초점을 맞추기 때문에, 양자는 서로 다른 지평에 서 있다.

인간은 어떻게 살고 있는가

마키아벨리는 정치적 공무를 수행하는 과정에서 윤리학과의 충돌 문제를 어떻게 처리했을까? 그의 내면에서도 분명 도덕적 양심은 작동했을 것이 아닌가? 그의 책 어디에 고대 철학자가 탐구한 영혼의 훌륭함, 영혼의 조화, 영혼의 자기 배려와 같은 윤리학적 차원이 흔적처럼 남아 있을지도 모른다. 그렇다면 마키아벨리의 도덕적 내면으로 뚫고 들어가보자. 그렇게 뚫고 들어가면 오히려 그의 정치학적 주장이 일으키는 파장들이 곧바로 불거져나온다. 도덕적 패러다임과 충돌을 일으키는 비판들이 포말처럼 부풀어오른다.

그 비난의 시발점이면서 종착점에 해당하는 것이 다음과 같은 관점일 것이다. 군주가 국가를 수호해야 하는 상황에서 윤리학이나 절대적 도덕성에 얽매여서 인간적 덕과 너그러움을 발휘하겠다는 유혹에 빠져들면 안 된다. 이런 유혹을 물리치지 못하는 군주의 나약함은 싸움터에서 최선의 결과를 낳는 용병술을 버리면서 오히려 적들의 사기를 올려주는 꼴이다. 군주의 통치술은 국가의 존망에 치명타를 입히지 않는 데 목표를 두어야 하며, 그래서 윤리학과 단절하는 정치학적 결단을 내리는 용기와 투지가 필요하다. 그것이 군주의 역량이다.

그럼에도 다시 윤리학으로 복귀해보자. 윤리학과 도덕적 가치를 도외시하면서 『군주론』을 서술해야 하는 강렬한 내적 목표가 존재하는 그의 성실성의 밑바닥에 혹시라도 선악 문제나 도덕적 관심사가 작동하는지를 알고 싶다면, 『군주론』을 계속 읽어보자.

> (저는 이 책에서) 누구에게나 유용한 것을 서술하려고 합니다. 이론이나 사변보다는 사물의 실제적 진리에 관심을 기울이는 게 더 낫다고 생각합니다. (……) "인간이 어떻게 살고 있는가?"는 "인간이 어떻게 살아야 하는가?"와는 아주 다릅니다. 그러므로 일반적으로 행해지는 것을 행하지 않고, 마땅히 행해야 할 것을 행하겠다고 고집을 부리는 군주는 권력을 유지하기보다는 잃기 쉽습니다.(『군주론』, 15장)

마키아벨리는 윤리학의 근본 질문에 해당하는 "인간은 어떻게 살아야 하는가?"라는 주제를 분명히 의식하고 있다. 그러나 곧이어 그는 현실과 실재를, 사실과 당위를 확실하게 구별한다. 그의 내면에도 가치가 있는 삶과의 대비가 작동하지만, 『군주론』에서는 이것을 은폐한다. 국가의 안전과 이익을 수호하는 위치에 있는 자들이 정치적 협상을 벌이는 공간은 그 자체로 전쟁터이고 싸움터다. 마키아벨리는 평화로운 시대가 아니라 끊임없이 분쟁이 일어나는 최전방에 서 있는 시대의 처신 방법을 서술한 것이다. 공동체 전체의 생존을 책임지는 해법을 찾아야 하는 자는 윤리학이 아니라 정치학을 처신 방법으로 삼아야 한다.

이때 군주가 처신 방법을 고민하는 관계 항은 대내적으로는 신민이지만, 대외적으로는 타국의 정치 수반이다. 동맹과의 관계라면 도덕적 차원이 아니라 정치적 차원에 방점을 찍어야 하고, 이때 사용하는 용병술은 '반인반수의 방법'이다. 반인반수의 방법에서는 군주의 잔인함과 무자비함을 넘어 사악함과 간교함과 배반 행위도 전략으로 존중한다.

동맹 관계에서 군주의 처신 방법

한 국가의 통치자라면 내무부와 외무부의 역할을 조화롭게 운영하면서 인민의 삶을 풍요롭게 하고 외세의 공격을 막아내는 수호자로서 책임을 다해야 한다. 국가의 안전과 국익을 지켜내는 것이 인민에게 궁극적으로 평화를 가져다주며, 평화의 실질적 내용은 공공선과 평등에 대한 의식을 자유롭게 실현하는 데로 나아간다.

마키아벨리가 살던 시대에도 근현대의 정치 구조처럼 내무부와 외무부의 역할 분담은 어느 정도 존재했다. 그러나 정형화한 분업화 구조가 굳건하게 작동한 것은 아니다. 몽테스키외가 주장하는 삼권분립처럼 서로 권력을 견제하면서 정치적 평등과 자유를 보편적으로 실현한다는 사고방식이 아직은 정립되지 않았기 때문이다. 그래도 마키아벨리는 그런 토대를 구축하는 방향으로 나아가는 중이다.

15세기 피렌체의 국제적 영향 관계 아래서는 도시국가의 안전을 지켜내는 것이 급선무였다. 자국의 안전을 지켜내려면 주변 강대국들과 좋은 동맹 관계를 맺는 것이 일차로 중요하다. 그래서 마키아벨리는 서유럽의 정치 지형에서 변동이 일어날 때마다 동맹 관계가 재편되는 변화의 추이를 예의주시한다. 특히 주변 강대국과 로마 교회는 동맹 상대를 자꾸 바꿔가면서 피렌체의 안전과 동맹국을 흔들어댔기 때문에, 피렌체는 외교 관계에 대한 통찰력을 명민하게 발휘해야 한다는 강박에 시달려왔다. 그래서 자국 군대와 물리력을 갖추지 못한 도시국가들은 피렌체처럼 주변 강대국과 '좋은 관계'를 유지하는 것이 급선무였다.

그런데 마키아벨리는 뒤이어서 군주가 동맹 관계에서 어떻게 처신해야 하는가에 대한 논조를 급격히 바꾸기 시작한다. 피렌체가 부당하게 공격당하고 굴욕적으로 내정 간섭을 낭하는 상황 때문에 뼛속 깊이 고통을 느낀 공무원이라면, 군주에게 어떤 유형의 조언을 하겠는가? 마키아벨리는 상대국이 불현듯 가해오는 잔인함과 사악함, 동맹 관계의 파기와 배신처럼 비도덕적이고 비합리적인 작태를 역발상으로 되돌려주는 선제적 조언도 주저하지 않는다. 이런 요구를 탁월하게 치러내려면 군주는 두 가지 질서를 따라야 한다.

> 하나는 법에 의지하는 것이고, 다른 하나는 힘에 의지하는 것입니다. 전자는 인간에게 합당한 것입니다. 그러나 전자만으로는 불충분하기 때문에, 후자에도 의지해야 합니다. 따라서 군주는 짐승의 방법과 인간의 방법을 모두 사용할 수 있어야 합니다.(『군주론』, 18장)

이런 주장이 『군주론』을 다양한 추문에 휘말리게 하는 시작점이다. 그런데 거기에는 조국을 지켜내겠다는 그의 영혼에서 불타오르는 열망과 자신의 직분을 탁월하게 완수하겠다는 높은 사명감, 그런 일 이외에는 자신이 잘할 수 있는 일은 없다고 생각하는 천직 의식이 동시에 개입되어 있다. 정치 현장과 외교 무대에서 잔뼈가 굵은 마키아벨리의 인생사를 감안하면 자연스럽게 파악되는 그의 열망과 사명감과 천직 의식에 공명하지 않은 상태로 『군주론』을 읽어나가면 누구라도 도덕적 추문을 만드는 데 동참할 가능성이 높아진다. 독자들이 추문을 만들게 하는 비도덕적이고 비인격적인 발언이 그의 책 곳곳에서 발견되기 때문이다.

통치자는 법률과 제도를 기초로 통치 조직을 만들고, 누가 새로운 통치자로 등극하는가와 상관없이 통치 조직에 따라서 국민의 안전과 복지를 실현하면 그만이다. 법과 제도에 의한 통치 조직은 "인간에게 합당한 것"이다. 마키아벨리는 법에 의한 통치를 "인간의 방법"이라고 규정한다. 그런데 법과 제도를 완벽하게 갖추어놓아도 그 법 제도를 무시하거나 실천하지 않는다면, 통치 조직은 결국 무용지물이 된다. 동맹과의 관계에서는 더더욱 그러하다. 마키아벨리는 외교 현장에서 그런 작태를 신물이 나도록 경험했다.

> 인간은 사악하고, 당신과 이전에 맺은 약속도 지키려고 하지 않습니다. 그러므로 당신도 그들과 맺은 약속에 구속되면 안 됩니다. 게다가 군주는 약속을 지키지 못하는 이유를 언제라도 그럴듯하게 둘러댈 수 있습니다. 최근에 일어난 사례들을 얼마든지 제시할 수 있습니다. 수많은 평화 조약과 약속이 신의 없는 군주들에 의해 파기되고 무효화되었습니다.(『군주론』, 18장)

그러므로 인간에게 합당한 방법인 법에만 의지하는 것은 간혹 피해와 무력함만 증폭할 수 있다. 자신이 합의한 국제법도 무시하는 마당에 인간의 방법으로서 법에 의지하는 것만이 능사는 아니다. 그래서 부당한 물리력에는 결국 물리력으로 대적하게 된다. 힘에는 힘, 응보주의와 이전투구가 전면에 나서게 되며, 여기서 법이라는 패러다임은 뒤로 물러선다.

마키아벨리는 법이 아니라 힘에 의지하는 것을 "짐승에게 합당한 법"이라고 주장한다. 동물의 왕국에서 작동하는 관계 방식이 국제 관계를 맺는 공간에서 일어난다. 군주가 무력과 군사력을 갖추고 있으면 넘보지는 못할 터이니 인간의 방법으로 동맹국과 관계를 상당히 유지할 수 있다. 그러나 인간의 방법을 무시하는 자들이 속출하는 세상이라서 마키아벨리는 짐승의 방법으로 넘어간다. 동맹과의 관계에서 짐승의 처신법이 '반인반수의 방법'이다.

반인반수의 방법

왜 반인반수가 마키아벨리의 마음을 사로잡았을까? 그의 『군주론』이 등장하기 이전에도 인간은 이미 법의 방법과 힘의 방법을 모두 사용하고 있었다. 두 방법을 인간의 두뇌 속으로 밀어넣으면, 영혼의 반절은 인간처럼 사고하고 나머지 반절은 동물처럼 사고하는 것이다. 군주는 인간이 만든 법으로 계약을 맺고 준수하다가 여차하면 동물이 관계하는 힘으로 상대방을 공격하고 침탈한다.

그런데 마키아벨리는 법을 제정하고 조약을 맺는 능력을 굳이 이성이라고 표현하지는 않는다. 이성 대 비이성, 이성 대 감성, 이성 대 욕망과 같은 이분법적 장치를 사용하는 서양 전통 철학자들의 개념 속으로 들어가려고 하지 않는다.

플라톤이나 아리스토텔레스가 영혼의 본질적 능력을 이성, 기개와 욕망으로 구분하듯이, 마키아벨리도 정치학에서 영혼과 육체, 형식과 질료의 구분법을 활용해 권력을 이성적 법과 육체적 힘과 같은 개념 틀로 제시할 법도 하다. 그러나 마키아벨리는 전통 철학적 개념 체계를 벗어나서 독자적 범주를 만들어낸다.

> 고대 저술가들은 이 방법을 비유적으로 가르쳤습니다. 아킬레우스나 고대의 유명한 군주들은 반인반수의 케이론에게 맡겨져 양육되었고, 반인반수의 훈련을 통해 교육받았다고 합니다. 반인반수를 스승으로 모셨다는 것은, 군주가 양면적 본성을 사용하는 법을 알 필요가 있다는 것입니다. 어느 한 쪽이라도 결여하면, 군주의 지위를 오래 보유할 수 없다는 의미입니다.(『군주론』, 18장)

마키아벨리는 힘을 사용하는 방법을 왜 반인반수로 규정했을까? 피렌체가 르네상스를 폭발적으로 견인하게 된 원천은 고대 그리스의 문헌을 발굴하고 축적한 학자들의 노력이다. 이런 분위기는 마키아벨리의 부친에게도 이어졌기 때문에, 부친의 서재를 들락거리던 마키아벨리는 저녁마다 궁정 예복을 입고 고대인과 대화를 나누는 지경에까지 이른다. 특히 리비우스의 『로마사』는 기원전 8세기부터 시작되는 역사 연구이고, 이렇게 기원전으로 거슬러 올라갈수록 사상과 문화의 공동체적

숨결을 형성했던 그리스 신화의 철학적 역할과 본질적 중요성을 깨닫지 않을 수 없다.

사람들이 고대 그리스의 신화로 거슬러가서 아킬레우스나 케이론을 발견해내듯이, 마키아벨리는 고대 시절에 건국하고 새로운 정체를 구축한 역사적 영웅들을 발굴해낸다. 헤라클레스나 테세우스 등을 반인반수가 양육했다는 전설에 기초해 설명하듯이, 르네상스 시대의 군주에게도 고대의 반인반수를 적용해본다.

그런데 동물들이 사용하는 약육강식은 고대 소피스트들이 '인간의 윤리학적 원리'를 도덕 상대주의로 전환하면서 윤리학의 근본 척도를 '인간의 욕망'으로 전개하는 것과 그다지 다르지 않다. 아니면 근대로 내려와서 홉스(Thomas Hobbes, 1588~1679)의 『리바이어던』에서처럼 "만인에 대한 만인의 투쟁"으로 대체하는 방식으로 나아갈 수도 있다. 소피스트의 욕망도, 홉스의 만인투쟁도 인간을 이해하는 과정에서 도출한 윤리학적 원리이거나 인간 본성론이다.

그래서 마키아벨리가 주장하는 짐승의 방법에 대한 형상을 조금 더 구체적으로 제시할 필요가 있다. 고대 신화에 등장하는 자들은 신들이거나 남다른 능력을 지닌 영웅들이다. 그러한 초인적 존재가 아니라 유한함과 불완전함과 결함으로 가득 찬 세상에 실제로 존재하는 인간이면서 대체 가능한 상일 때, 피렌체의 신생 군주가 그 상을 모방할 수 있기 때문이다. 그렇게 현실적 설득력이 있는 짐승의 방법이 사자의 방법과 여우의 방법이다.

사자보다는 여우?

고대인과의 대화에서 나타나는 '대외적 관계 방식'과 '행위들의 반복'도 힘의 논리로 규정할 수 있다. 그럼에도 마키아벨리가 유독 사자와 여우를 지목한 데는, 그가 모델로 삼은 체사레의 전술적 행태를 상징적으로 표현하기 위해서다.

> 군주는 짐승의 방법을 잘 이용해야 합니다. 특히 여우와 사자를 모방해야 합니다. 사자는 함정에 빠지기 쉽습니다. 그러나 여우는 늑대를 물리칠 수 없습니다. 함정을 알아차리려면, 여우가 되어야 합니다. 늑대를 물리치려면, 사자가 되어야 합니다.(『군주론』, 18장)

체사레는 사자와 같은 힘을 발휘하는 저돌성, 어지간한 상황에서도 물러서지 않은 용맹성, 적들 앞에서도 두려워하지 않는 불굴의 의지와 투지, 어떤 싸움도 이겨낸다는 자신감을 지녔다. 이것이 '역량'이다. 체사레는 탁월한 역량과 불굴의 의지를 지녔고, 전쟁터와 협상지에서 무자비한 전사의 면모를 과감하게 발휘한다.

그런데 마키아벨리는 무력을 사용해 목표를 달성하는 체사레의 행동을 분석하다가, 체사레가 실제로는 상대를 공격하고 제압하는 과정에서 자신의 손에 피를 묻히는 방법을 그다지 사용하지 않는다는 것을 알게 된다. 사자처럼 덤벼들고 물어뜯어야 할 때는 주저 없이 나아가지만, 저돌적 공격은 자신의 손에 피를 묻히는 것을 피할 수 없다. 그래서 체사레는 직접 공격보다는 '계략'을 사용하는 경우가 많았다.

> 체사레는 프랑스 왕과 모든 외부 세력을 신뢰하지 않게 되었습니다. 그는 외부 세력에게 의존하면 생길 수밖에 없는 위험을 피하기 위해, 속임수를 쓰기 시작했습니다. 그는 자신의 진심을 교묘하게 숨기면서 파올로 영주를 통해서 오르시니 파의 지도자들과 화해했습니다. 그는 파올로를 안심시키려고 아주 정중하면서도 관대하게 대접했고, 돈과 화려한 옷과 말을 주면서 갖은 노력을 다했습니다.(『군주론』, 7장)

마키아벨리는 1501년에서 1503년 사이에 체사레의 궁정에서 여러 번에 걸쳐 그와 대면하면서, 체사레가 사자의 역량보다는 간교한 꾀를 부리는 여우의 계략을 더 즐긴다는 것을 간파한다. 체사레는 남다른 역량이 있기 때문에 필요한 경우에는 무소불위의 공격성을 발휘한다. 그러나 그는 동맹 관계를 형성해야 하는 상대방과의 협상에서 자신과 관련해 '정보와 역정보'를 동시에 투척해 상대를 헛갈리게 하거나 기만하고, 동맹국끼리도 서로 의심하고 배신하게 하는 계략을 꾸며서 스스로 무너지게 만든다. 체사레 자신은 비밀스럽게 움직이면서 비도덕적 행동을 자행하지만, 상대방의 은폐 행위와 도덕적 약점에 대해서는 철저히 악용해 이득을 얻는다. 체사레는 때로는 상대의 탐욕과 이기심을 활용하는 전략을 폈고, 때로는 상대의 선함과 진솔함을 악용하는 전략도 사용한다.

마키아벨리는 체사레가 실전에 참가하기보다는 주로 용맹스러운 부하를 보내서 자기 대신 적수를 살해하고 주민을 제압한 것을 사례로 제시한다. 가령 로마냐에 파견한 리미로 데 오르코(Rimirro de Orco)에 관한 체사레의 대응을 보자. 로마냐에서 강력한 세력을 발휘하는 귀족들이 인민들에게 강압적 태도를 취하면서 인심을 잃어간다는 것을 알게 된 체사레는 막강한 귀족들을 제거하기 위해 리미로를 파견한다. 체사레 대신 잔인하게 행동하면서 나쁜 이미지를 대행한 리미로가 그 지역을 관리하는 과정에서 잔인함의 수위를 높여간다. 시간이 흐를수록 주민들의 원성이 높아져가는데, 그에 비례해서 리미로의 권력도 강해진다는 것을 느끼자 체사레는 리미로의 몸을 둘로 도막내 저잣거리에 걸어놓는다. 주민에 대한 가혹 행위와 잔인성은, 체사레가 명령한 것이 아니라 리미로가 저지른 일방적 월권이었다는 식으로 면죄부가 만들어진다. 이것은 주민들에게 더 큰 두려움을 안겨주는 방법이 된다.

체사레가 상대를 무너뜨리기 위해 실제로 사용한 방법은 주로 상대방들끼리 이전투구를 하도록 유도하는 계략을 꾸미는 것이다. 피렌체 공화국에서 코시모가 통치 수반의 자리는 거부하면서도 막후에서 사적 권력을 강화하고 정부를 좌지우지하듯이, 체사레도 실전에 몸을 불사르는 장군들의 배후에서 싸움판을 계획하고 유도하는 조종자의 역할을 즐긴다. 체사레는 배후 설계자로서 여우와 같은 지략을 발휘한다. 마키아벨리는 정치적 현상의 전면에 등장하는 인물들 이외에도, 드러난 인물들을 조종하는 막후 세력이나 보이지 않는 곳에서 전체 흐름을 기획하는 '설계자' 내지 '보이지 않는 손'을 정치학적 차원에서 착안한다. 마키아벨리에게 이런 식으로 영감을 준 자가 체사레다.

사자 같은 역량에 대한 평가

마키아벨리는 배후에서 설계하고 조종하는 체사레의 여우의 방법에 주목하면서, 군주는 자고로 동맹과의 관계뿐 아니라 인민과의 관계에서도 그래야 한다는 점을 강조한다. 마키아벨리는 『군주론』의 18장에서 "군주는 어디까지 약속을 지켜야 하는지"를 고민하는 내용을 전개하다가, 군주가 때로는 필요할 경우에는 능숙하게 사람들을 기만하는 자가 되어야 한다고 주장하기까지 한다. 이렇게 반인반수의 방법을 좇아가면 도덕적 추문이 포말처럼 일어나게 하는 여우의 방법과 같은 현상에 휘말리게 된다.

그런데 마키아벨리는 왜 『군주론』을 작성했는가? 그의 초발심으로 돌아가보자. 그는 『군주론』의 서두에서 군주를 군주답게 하는 가장 중요한 조건은 '역량'과 '행운'이라고 주장한다. 역량이 결정적 조건이라면 여우의 방법보다는 사자의 방법을 부각해야 하는 것이 아닌가?

역량은 상황에 따라서 무력과 폭력을 사용하겠다는 결단능력이며, 그것을 통해 상대의 극악무도함을 정지시킬 수 있는 능력이다. 역량은 타인의 손에 피를 묻히는 방법으로 주민들을 복종시키는 데서도 주저함이 없는 것이다. 그런데 때로는 타인의 잔인함을 단죄하면서 자신의 너그러움을 보이는 여우의 지략을 사용하겠다는 결단도 역량에서 나온다. 역량을 사용하려면 어떤 형태로든 선택이 일어나야 한다. 선택에 대한 결단력 자체가 역량이며, 그 결단을 계속 밀고나가겠다는 의지도 역량이다. 분쟁이 일어나는 곳에서 끝까지 싸우겠다는 결연한 투지를 보이는 것도 역량이 없으면 불가능하다.

마키아벨리는 일찍부터 이런 관점을 형성했기 때문에, 소데리니의 각별한 총애를 받으면서 서기장으로 대활약을 펼치면서도 소데리니의 역량에 대해서는 손사래를 친다. 소데리니는 상당한 지혜와 통치력을 지녔지만 용기와 불굴의 의지는 부족했다. 마키아벨리는 서기장 시절에 소데리니를 소심하고 우유부단한 사람으로 간주했고, 역량과 투지가 부족한 것에 대해 못내 아쉬워한다. 그리고 율리우스 2세와 에스파냐가 피렌체를 공격해 들어올 때 소데리니가 일말의 저항도 없이 수반 자리에서 물러난 것을 보면서 마키아벨리는 소데리니의 개성에 대해 진저리를 친다.

소데리니는 마키아벨리의 정치적 통찰력뿐 아니라 문장력에도 전적인 신뢰를 보내면서 국가 운명을 좌우하는 중대사를 마키아벨리에게 맡겼다. 그러나 마키아벨리는 상대의 극악무도함을 저지할 패기와 결단력이 없는 소데리니를 미더워하지 않았다. 그 단적인 증거가 소데리니의 묘비 시구에서 나타난다. 소데리니 사후에 그의 친척이 뛰어난 문장력을 지닌 마키아벨리에게 묘비명을 지어달라고 부탁한다. 그러자 그는 이렇게 시구를 지어 보낸다.

"피에로 소데리니가 죽던 날 밤에, 그의 영혼이 지옥문 앞으로 걸어갔네. 그러자 플루토스가 외쳤지. 불행한 영혼아, 어디서 감히 지옥에를 왔어? 아이들이랑 림보에나 들어가지!"

여기에서 림보는 연옥을 의미한다. 마키아벨리는 단테의 『신곡』에서 언급하는 내용들을 창의적으로 활용해 지옥행 티켓은 아무나 얻을 수 있는 것이 아니라는 속내를 내비친다. 지옥행 티켓을 얻는 자는 용기와 투지를 지닌 자이며, 이탈리아를 통일할 역량을 지닌 자다. 그러므로 지옥에서 소데리니를 배척하는 묘비 문구를 보낸 것은 소데리니가 피렌체의 안전과 국익을 지켜낼 패기도 없고 이탈리아를 통일할 능력도 없다고 조롱한 셈이다. 지옥에는 가고 싶다고 해서 갈 수 있는 곳이 아니다. 당당하게 지옥행을 불사하는 패기를 지닌 사람이 피렌체 군주국도, 이탈리아 군주국도 건국할 수 있다.

선악의 전도인가

소데리니는 잔인하고 사악한 자가 아니다. 반면에 체사레는 잔인하고 사악한 자다. 마키아벨리는 잔인하고 사악한 자가 되라고 등을 떠미는 것인가? 어처구니없는 가치 전도가 아닌가?

마키아벨리는 앞에서 체사레의 잔인함을 그저 사악한 방법만을 사용하는 군주들과는 차별화했다. 그는 『군주론』의 8장에서 그저 사심만으로 나아간 아가토클레스와 올리베르토를 예시로 들면서 이들을 부정적으로 평가한다. 그러나 마키아벨리는 체사레의 잔인함은 '불가피한 것'으로 간주한다. 사자의 방법과 여우의 방법을 활용한 체사레는 사악한 방법으로 자신의 사심만 채운 사람들과는 다른 가치 평가를 받는다. 체사레처럼 불가피한 잔인함을 저지르는 인간은 단테의 지옥으로 '당당하게' 떨어진다. 그렇다고 해서 마키아벨리가 체사레를 인격적으로 존경하거나 인간적으로 좋아한 것은 아니다. 조국의 안전과 이탈리아의 통일을 이루어야 한다는 시대적 요청을 수행할 현실적 모델이면서 상징적 모델로 체사레를 상정한 것이지, 그 이상도 그 이하도 아니다.

체사레는 건국과 관련해 인간 행동의 유사성과 반복성을 재현하는 초역사적 모델이라는 점을 상기해야 한다. 마키아벨리는 조국의 안전을 수호하기 위해 고대와 근대를 하나로 꿰뚫는 일반적 원리를 탐구했다. 그는 『리비우스 논고』에서 인간 행동의 동일성과 반복성을 천명하는데, 비록 『군주론』에서는 그런 천명을 별도로 하지 않고 있다고 해도, 군주의 처신 방법을 전개하는 밑바탕에는 동일한 원리가 깔려 있다.

인간은 욕망을 지닌 존재다. 욕망은 인간 삶에서 근절되지 않는다. 과도한 욕망이 통치 질서와 사회 체제를 무너뜨리고 공동체 전체를 부패하게 만든다. 유사한 행동 방식이 역사에서 반복적으로 출현한다. 마키아벨리는 변덕스러운 인간 본성을 이렇게 규정한다.

> 인간은 은혜를 모르고, 변덕스럽고, 위선적이고, 기만에 능하고, 위험을 회피하고, 이익에 눈이 어둡습니다.(『군주론』, 17장)

인간의 과욕과 탐욕은 어느 시대에나 나타나서 부패와 부조리와 분쟁을 일으킨다. 그래서 마키아벨리는 강한 권력이나 외적 요소가 인간들을 "강제하지 않는 한" 그들은 선하게 행동하기보다는 악하게 행동할 것이라고 주장한다. 마키아벨리가 체사레의 '무자비한' 역량에 힘을 실어주는 것도 인간 본성에 대한 통찰에 기인한다. 동맹과의 관계로 넘어가면서 그의 무자비한 통찰은 더 강한 효력을 발휘한다. 아무리 현명한 군주라고 해도, 아니 현명한 군주는 타국과 맺은 동맹을 신실하게 지켜나가다가 때로는 신뢰를 가차 없이 저버린다는 것이다.

> 현명한 군주는 신의를 지키는 것이 불리하게 작용하거나, 약속을 맺은 이유가 소멸되면, 약속을 지킬 수도 없고 지켜서도 안 됩니다. (……) 인간은 사악하고, 당신과 이미 맺은 약속도 지키려고 하지 않기 때문에, 당신은 그들과 맺은 약속에 구속되면 안 됩니다. (……) 수많은 평화 조약과 약속이 신의 없는 군주들에 의해 파기되고 무효화되었습니다.(『군주론』, 18장)

마지막 문장에 마키아벨리의 진의가 담겨 있다. 현명한 군주도 자신의 이해관계 앞에서는 평화조약을 여지없이 폐기하면서 뒤통수를 친다. 자고로 한 나라의 군주라면 올바른 행동과 선한 행동의 모범이 되어야 하지 않는가? 그런데 오히려 부정의한 행동과 악한 행동의 전형을 비일비재하게 보여주는 자들이 그들이다. 정의로움과 선함을 추구하려고 해도 현실 논리는 그렇게 돌아가지 않는다.

그렇다면 마키아벨리는 피렌체 공화국과 이탈리아 반도가 부당하게 공격당하고 비굴하게 간섭받은 그간의 부조리와 부정의에 대노하면서 살아온 것이다. 그래서 그는 철저히 냉정하고 냉혹하게 군주의 자격 조건을 일반화한 것이다. 불의와 부정의 앞에서 분노할 수 있는 용기, 바람직한 질서를 세우는 방향으로 분노를 전환할 수 있는 의지가 바로 마키아벨리가 지닌 탁월한 역량이었다.

달리 말하면 이런 정의관과 도덕관을 영혼 속에 지녔으면서도 마키아벨리는 그 진의는 묻어둔 채 『군주론』을 전개한다. 그의 관심사는 인간의 본성 자체에 대한 연구가 아니라, 통치자와 인민들이 벌이는 행태의 유사성과 반복성을 통해서 국제 관계를 풀어내는 것이기 때문이다. 그래서 그는 윤리학자나 철학자보다는 정치학자나 정치철학자로, 근대적 정치관을 추인하는 선구자로 분류할 수 있다. 그는 서기장 역할을 수행하면서 '통치자들의 행태'와 '인민들의 변덕' 때문에 겪어야 했던 무수한 당혹감에 진력이 났고, 그래서 인간 본성에서도 '일반적 원리'를 도출해 정치적 통찰력으로 활용하고자 한 것이다.

마키아벨리는 피렌체의 신생 군주에게 정치적 사안을 풀어나갈 때 윤리적 선 개념에 얽매이지 말고 조국의 안위에 주안점을 두라고 요구한다. 그는 국가를 수호하는 과정에서 발생하는 군주의 잔인한 행동을 윤리학의 잣대로, 이분법적 가치 판단의 구조로 접근하지 않는다. 더 나아가 그는 분쟁이 일어나는 공간에서는 군주의 일시적 잔인함이 때로는 더 지독한 폭력을 막아내는 장치가 되거나, 장기적 관점에서는 더 좋은 결과를 낳는 방법이 된다고도 주장한다.

> 체사레는 잔인하다고 여겨졌습니다. 그러나 그의 엄격한 조치들이 로마냐 지방에 질서를 회복시켰고, 그리고 그 지역을 통일했기 때문에 평화롭고 충성스러운 지역으로 만들었습니다. 잔인하다는 평판을 듣는 것을 피하려고 피스토이아가 사분오열되도록 방치했던 피렌체인과 비교해보면, 체사레의 행동이 훨씬 자비롭습니다.(『군주론』, 17장)

마키아벨리는 군주가 가능한 한 '올바른 행동'이나 '선한 것'에서 벗어나지 않도록 해야 하지만, 필요한 경우에는 악행도 저지를 수 있어야 한다고 입장을 정한 것이다. 그 악행이 단기적으로는 잔인하지만, 장기적으로는 더 큰 잔인함을 막는 전략이기 때문이다. 군주가 국가와 인민의 생명을 수호해야 하는 상황임에도 도덕적으로 선하고 좋은 행동을 해야 한다는 발상에 얽매여서 내린 결정이 오히려 더 잔인한 피해를 낳기 때문이다.

군주는 특정한 맥락에서 잔인한 행동을 결단하는 용기를 지녀야 하고, 결단한 악행을 용감무쌍하게 밀고나가는 의지를 발휘해야 한다. 이렇게 결단하는 역량을 행사한 군주는 지옥행도 불사한다. 사악한 방법을 사용해 사리사욕을 채우는 데 급급한 용맹성이 아니라, 시대가 요구하는 불가피한 악행을 수행하고서 지옥으로 걸어들이가는 역량이다.

자신의 영혼을 구제할 것인가? 아니면 자신의 조국을 구제할 것인가? 양자택일의 상황에서 체사레에게 거는 군주의 모델은 전자를 버리고 후자를 택하는 것이다. 그렇듯이 마키아벨리는 『군주론』에서 윤리학적 범주를 버리고 정치학적 틀을 도입한다. 그의 영혼을 내주고 조국을 구하는 공명심이 활성화된다.

그렇다면 지옥행을 당당하게 천명하는 체사레의 역량은 선악 판단의 틀에서 벗어나는가? 체사레의 잔인함은 용서받을 수 있는가? 잔인함의 종착지가 개인적 탐욕에 그친다면, 그는 단죄를 받아야 하는 막다른 지옥으로 끌려갈 것이다. 그러나 그의 무자비한 결단이 공공성과 공동선을 지향한 것이라면, 조국의 안전과 인민의 생명과 사회의 공공선이 실현된 공간에 사는 인민들이 지옥을 떠도는 그의 영혼을 위해 기도할 것이다. 지옥문 앞에서도 당당한 군주를 보면서 저승사자와 판관은 어이가 없겠지만 그를 함부로 대하지는 못할 것이다. 그 군주는 더 나은 정체와 더 나은 삶을 견인하는 시쳇더미가 되었기 때문이다.

마키아벨리는 반인반수의 역량을 사용하면서 불가피한 잔인함을 행사하는 군주를 용서하는 문제는 『군주론』에서 다루지 않는다. 『군주론』은 용서를 생각할 일말의 여유도 없기 때문이다. 그러나 『리비우스 논고』로 진입하면 유사한 사례를 발굴해낼 수 있다. 그는 1권 9장에서 로물루스의 잔인함을 용서할 수 있다는 논조로 나아간다.

로물루스는 로마 공화정을 건설하면서 공화정에 역행하는 모의를 한 사람들을 처단한다. 공공선에 역행하는 모의를 한 사람들이 안타깝게도 그의 측근들이었고 동생도 포함되어 있었다. 그럼에도 로물루스는 개인적 애정과 사적 감정을 떨쳐내고 이들을 살해하면서 로마 공화정의 기틀을 잡는다. 로물루스의 무자비함은 경쟁 상대를 일거에 제거하는 행위에 기인한다는 의심을 받을 수 있는데, 그 의구심은 곧바로 불식된다. 로물루스는 제왕적 권력을 사용해 건국하지만, 건국 이후에는 제왕적 권력을 내려놓는 집정관 제도를 도입하고, 귀족들로 구성된 원로원 의결권을 신설한다. 그는 자신의 지위를 군총사령관의 수준으로 좁혀나간다. 군주의 권한을 전쟁 시에는 '군대 통수권', 평화 시에는 '원로원 소집권'으로 제한하고, 나머지 권한은 원로원과 민회와 호민관에게 넘겨준다. 이렇게 해서 여러 계급이 있는 사회에서도 정치적 견제와 균형을 이루는 평등하고 자유로운 공화정이 만들어진다.

마키아벨리는 정체의 일반적 전형을 로마 공화정으로 간주한다. 그에게 『군주론』은 피렌체의 신생 군주가 제왕적 권력에서 시작해 원대한 목표를 향해 나아가는 디딤돌이다. 그러므로 체사레가 향후 어떤 행보를 하는가에 따라서 용서받을 여지는 열려 있다. 피렌체 군주국에서는 조카 로렌초가 그 역할을 담당하리라 기대한다. 그러나 가야 할 길은 멀고, 피렌체의 신생 군주는 단지 출발점에 서 있을 뿐이다.

선한 군주라는 가상

그렇다면 군주는 무조건 사악하고 교활하고 잔인해야 하는가? 마키아벨리는 왜 인간의 방법보다는 짐승의 방법을, 법의 적용보다는 힘의 논리를 『군주론』에서 더 강조할까? 힘의 논리 이전에 법의 논리가 우선이지 않았는가?

마키아벨리는 불가피하게 법에서 힘으로 이동한 셈이니,

그가 힘의 논리만 강조한다고 단정할 수는 없다. 그는 좋은 법과 좋은 제도를 만들어놓아도 법을 무기력하게 만들 만큼 부패가 확산되면 혁명적 변화가 필요하다는 맥락에서 제왕적 권력을 다룬다.

그러므로 그의 내면에도 어떤 형태로든 윤리학에 대한 관심, 올바른 군주와 선한 군주에 대한 관심이 작동한다. 그는 앞에서 "인간이 어떻게 살아야 하는가?"와 "인간이 어떻게 살고 있는가?"라는 윤리학의 근본 명제에 해당하는 질문을 던졌다. 물론 윤리학적 명제를 던지고서는 곧바로 지나쳐버렸지만, 스쳐지나간 이후에도 향기와 여운은 남는다. 그러므로 절체절명의 위기 앞에 서 있는 군주의 심정으로 다시 돌아가 보자.

> 선하게 행동하겠다고 고집하는 사람이 선하지 않은 사람들에게 둘러싸여 있다면, 그의 몰락은 불을 보듯 뻔합니다. 그러므로 권력을 유지하고자 하는 군주는 상황에 따라서 선하지 않을 수 있는 법을 배워야 합니다.(『군주론』, 15장)

여기에서 마키아벨리의 본래 의도는 선하게 살지 말라는 것이 아니다. 군주가 선해서는 안 된다는 것이 아니다. 그래서 그는 "군주는 어디까지 약속을 지켜야 하는가?"를 계속 곱씹

으면서, 인간다운 삶을 구현하기 위해 군주가 견지해야 하는 성품을 다섯 가지로 정리한다.

> 군주는 자신의 입에서 나오는 모든 말이 다섯 성품들로 가득 차도록 주의해야 합니다. 그를 대면하는 사람들에게 지극히 자비롭고, 신의가 있고, 정직하고, 인간적이고, 경건한 것처럼 보여야 합니다.(『군주론』, 18장)

군주가 갖춘 성품이라고 인민들이 느껴야 하는 것은 자비, 신의, 정직, 인간성, 경건이다. 군주의 성품 가운데 '정직'을 견지한다면 여우 같은 잔꾀와 기만과 교활함을 사용하면 안 되지 않는가? 군주가 '신의'를 지켜야 한다면 약속과 조약을 여지없이 파기하면 안 되지 않는가? 군주가 갖춰야 하는 다섯 가지 성품만으로도 『군주론』에서 펼치는 마키아벨리의 군주상은 즉각 폐기해야 한다.

그럼에도 여기에서 관건은 군주가 인민과의 관계에서 처신하는 방법이 다섯 가지 성품을 지니거나 행사하는 것처럼 "보여야" 한다는 것이다. 사자의 힘과 여우의 간교함을 발휘하면서도 다섯 성품을 지닌 것처럼 보이는 '외관' 내지 '가상'을 만들어야 한다.

군주는 올바른 성품과 선한 성품을 갖추지 않았어도, 올바른 성품과 선한 성품을 갖춘 것처럼 보여야 한다는 것이다. 군주는 그런 성품을 갖춘 것처럼 보이는 가상을 만들어내는 수고를 '반드시' 들여야 한다. 군주는 자비롭지 않지만 자비롭게 "보여야" 한다. 신의가 없지만 신의가 있는 것처럼 "보여야" 한다. 정직하지 않지만 정직한 것처럼 "보여야" 한다.

> 군주가 그런 성품을 갖추고서 늘 그렇게만 실천하는 것은 해롭지만, 그런 성품을 갖춘 것처럼 보이는 것은 유용합니다. 가령, 자비롭고 신의가 있고 인간적이고 정직하고 경건한 것처럼 보이는 것은 좋을 뿐만 아니라 실제로 그러한 것도 좋습니다. 그러나 달리 행동할 필요가 있을 때는, 반대로 행동할 태세를 지녀야 하며, 반대로 행동할 수 있어야 합니다.(『군주론』, 18장)

군주가 반인반수의 방법을 사용해도 군주의 바람직한 성품 자체는 그런 방법과는 배치한다. 인민들에게 자비롭고 인간적으로 행동하며, 처신 과정에서 신의를 지키고 정직하며, 종교적으로는 경건한 것이 군주에게도 좋은 것이다. 군주는 그렇게 할 때 누구에게서나 칭송을 받는다. 군주도 이에 대해 모르지 않는다.

그러나 그가 국제 협약과 관련해 업무를 수행하는 과정을 냉정하게 진단하면, 선의를 악용하고 필요에 따라 서로를 기만하는 현실에서, 인민들은 덩달아 부화뇌동하고 변덕을 부리는 현실에서, 올바르고 선한 성품만으로는 더 나은 방향으로 발전을 이끌 수 없다는 것이 선명해진다.

물론 여전히 올바름은 중요하고, 선함은 중요하고, 도덕적 가치 판단은 중요하다. 그렇다면 군주는 이중 전략을 사용할 수밖에 없다. 군주의 내면에 더 나은 조국, 더 나은 정치 체제, 더 나은 미래에 대한 야망과 이념이 작동할 때, 그 야망과 이념을 이루기 위한 '품성의 가상'을 만들어내야 한다.

한편으로는 윤리학과 도덕적 가치를 중시하면서도 다른 한편으로는 부패하고 타락한 행위를 일삼는 '인간의 이중적 본성' 앞에서, 마키아벨리는 정치학과 윤리학의 차원을 구별한다. 그리고 군주는 정치학적 행보를 하면서도 선한 군주라는 외관을 통해 도덕적 가치를 내팽개치지 않고 나아가는 전략을 사용한다. 마키아벨리는 군주가 그런 전략에서 성공할 수 있도록 『군주론』의 후반부에서 '인민의 호의'를 얻기 위한 군주의 관대함과 인색함, 잔인함과 인자함, 사랑과 공포 같은 대비 개념을 제시한다.

국가의 토대로서 좋은 군대

독자들은 『군주론』에서 군주의 처신을 읽어나갈수록 자신의 사리사욕을 채우려고 거짓 공약이나 내걸고, 반박을 하면 조변석개하고, 중요한 정책도 조삼모사로 대응하는 간교한 정치인이 주마등처럼 스쳐지나갈 것이다. 그래서 르네상스를 대표하는 고전을 읽으면서 경악을 금치 못하겠지만, 오히려 그럴수록 더욱더 마키아벨리는 왜 그렇게 할 수밖에 없었는가 하는 반문이 깊어질 수도 있다.

그래서 사람들은 그의 진의를 찾는 과정에서 군주국이나

공화국, 아니면 『군주론』이나 『리비우스 논고』 가운데서 하나를 선택하는 경향을 띠게 된다. 그러나 그에게는 두 저작 이외에도 『전술론』을 포함하는 삼부작이 파노라마처럼 전개된다. 각 저서는 독자적 완결성을 지니지만 서로 중첩하면서 보완하기 때문에, 마키아벨리의 전체 기획을 상보적으로 추적할 필요가 있다. 『전술론』은 군사력의 세부 조직을 체계적으로 설명한 것이라서 다소 재미는 없지만, 그래도 살짝 들춰보기만 해도 도움은 된다.

피렌체의 신생 군주는 『군주론』에서 외세의 침입에 철저히 대비하는 '강력한 국가'를 건설할 운명과, 억압에서 해방된다는 평등에 대한 믿음을 인민들이 갖게 하는 '안정적 국가'를 모색할 사명을 부여받는다. 피렌체가 강력한 국가였다면 갖은 논란을 일으키는 『군주론』을 저술할 필요는 없었을 것이다. 『군주론』이 필요한 이유는 코시모 루첼라이(Cosimo Rucellai, 1448~1514)의 정원에서 코시모가 용병 대장 파브리치오 콜론나(Fabrizio Colonna, 1450~1520)와 대화를 나누는 형식으로 진행하는 『전술론』의 서두에서도 확인할 수 있다.

코시모 루첼라이는 『전술론』의 1장 2절에서 피렌체의 인민들이 편안하고 나태한 생활을 추구하다 보니 당면한 고난들을 이겨내지 못하고 오히려 퇴폐와 오류에 휩싸여서 허약한 도시

· Concept Word ·

루첼라이 정원

코시모 루첼라이가 소유한 피렌체 근교의 정원이다. 마키아벨리는 서기장 직에서 해직된 이후에 코시모가 주최하는 정원 토론에 참여한다. 마키아벨리는 독서, 토론, 연극, 연주회와 같은 다양한 회합과 여가를 즐기는 이곳에서 문학적 영감과 창조적 에너지를 얻는다. 안토니오 브루치올리의 『대화집』에 따르면, 정원에서는 공화국의 형성과 운명에 관해 주로 논쟁했고, 모임에 참여한 자코포 다 디아체토, 자노비 부온델몬티 등은 차후에 반메디치 음모를 꾸민다.

국가를 형성했다고 지적한다. 도시국가의 나태와 퇴폐를 극복하겠다는 '간절한 마음'을 지닌 사람이라면, 외세의 침략을 막아내는 문제에서 참으로 건실하고 용감했던 고대인의 양식을 참고해 군제와 전술을 미리 완비하는 데로 나아갈 것이다. 여기서 군주가 미리 준비할 것은 당연히 민병대를 조직하는 일이다.

『전술론』에서 밝힌 '간절한 마음'을 지닌 자가 마키아벨리이기 때문에, 그는 토스카나 지역의 농촌 마을에서 실제로 보병을 모집해 고대 로마인의 전술과 용병술을 훈련시킨다. 훈련을 받으면서 전열을 갖추게 된 민병대는 1506년 2월의 사육제에서 첫 퍼레이드를 펼치면서 시민들에게 환호를 받았고, 용병들이 여러 번 공격했지만 답보 상태를 면하지 못하던 피사 원정에 참여해 1509년에 피사를 탈환하는 공도 세운다.

좋은 군대를 향한 여정

군주의 입장에서 자국 군대나 민병대를 양성하는 것은 '자신의 영혼 구제'를 포기하더라도 '조국의 자주권을 수호'하겠다는 결단과 의지를 천명하는 것이다. 마키아벨리는 자신의 무력을 갖추어 군주국을 유지하겠다는 의지를 관철하는 수단을 '좋은 군대'라고 표현한다.

> 모든 국가의 주춧은 (세습 군주국이든, 신생 군주국이든, 아니면 복합 군주국이든) 좋은 법과 좋은 군대입니다. 좋은 군대가 없으면, 좋은 법을 가지는 것은 불가능합니다. 좋은 군대가 있는 곳에는 항상 좋은 법이 있습니다.(『군주론』, 12장)

마키아벨리는 '좋은 군대'를 논하기 전에 사실은 '좋은 법'을 먼저 언급한다. 통치자가 군사력을 갖추려면 군대 양성법이 먼저 선행해야 하기 때문이다. 그는 소데리니 공화정 시절에 민병대를 창설하는 법을 제정하는 데 박차를 가하기 위해 「피렌체 군사 조직에 대한 논문」을 작성하거나 '전쟁군사 위원회'라든지 '민병대 위원회'의 필요성을 역설한다. 온갖 반대를 무릅쓰면서 열정을 쏟아부은 덕에 마키아벨리는 '전쟁 10인 위원회'와 같은 것들을 정부 산하의 하부 조직으로 신설하도록 만든다.

소데리니는 민병대 법안의 제정을 유력시민들이 반대할 것이라는 점을 익히 알고 있었기 때문에, 8명의 총무로 구성된 시뇨리아보다는 다소 열린 자세를 취하는 시민들이 모여 있는 아래 단계의 정무위원회에서 공식 논의를 진행한다.

피에로의 사위인 알라만도 살비아티는 처음에는 마키아벨리와 친분이 있었지만 시간이 지날수록 마키아벨리의 행실에 대해 부정적 감정을 갖게 된다. 살비아티는 군대 창설과 전쟁위원회를 신설하는 입법화 문제를 시뇨리아가 아니라 아래 단계에서 추진하는 것을 지켜보면서 절차 문제로 이의를 제기한다. 살비아티는 여기에 그치지 않고, 소데리니와 마키아벨리가 절차까지 바꿔가면서 민병대를 조직하는 것은 피렌체를 무력으로 장악하려는 저의를 지녔기 때문이라고 의구심을 품는다. 그 의구심이 퍼져나가면서 법안 제정과 민병대 창설을 반대하는 분위기가 고조된다. 그럼에도 소데리니 공화정은 입법화를 관철해냈고, 마키아벨리는 그 법에 기초해 1502년에 민병대를 공식적으로 양성하기 시작한다.

살비아티의 의구심을 경쟁심이나 혐오감과 같은 사적 감정이 분출된 것으로 치부할 수도 있다. 그러나 그의 근본적 태도는 200여 년 동안 민병대 창설을 거부해온 피렌체의 통치 방식에서 나온 것이다. 마키아벨리는 이런 태도를 만들어낸 정치 문화를 바꾸어야만 피렌체의 무력을 강화할 수 있고, 그래서 법을 제정하는 것이 급선무라고 판단한다.

피렌체는 유사시에 강대국의 지원병이나 용병을 고용하는 관행을 유지해왔다. 오랜 관행에는 유력시민들의 경제적 자만심과 대외 의존성 이외에도 인민들의 안하무인과 부패한 의식이 덧붙여졌고, 그래서 도시국가는 외세의 물리적 힘에 점점 더 휘둘리게 된다. 피렌체의 대외적 취약성은 이렇듯 대내적 정치 문화와 긴밀하게 연결된다. 피렌체가 안팎으로 계속 시련을 겪는 이유는 자치 공동체를 중심으로 하는 치안 능력도 포기하고 군사력을 기르는 제도도 거부한 것에 기인한다. 당시 군주들은 "공격은 최고의 방어 수단"이라는 좌우명을 따르고 있었기 때문에 이탈리아 반도에서 전쟁이 난무했음에도 불구하고, 피렌체는 지원병이나 용병에 의존하는 관행을 버리지 않았다.

여기에는 한마디로 잘라 말할 수 없는 복잡한 요소들이 앙상블을 이룬다. 그런데 마키아벨리는 잘못된 관습의 일차적 원인을 피렌체를 부패시키는 중추이면서 정치 발전을 방해하는 '훼방꾼' 때문이라고 주장한다. 그는 훼방꾼을 『리비우스 논고』에서 "게으른 신사"라고 부른다. 이들은 토지 소유자들이며, 토지에서 나온 수입으로 일하지 않고도 사치스럽게 사는 자들이다. 게으른 신사들은 어디에서나 부패의 온상이다. 이들은 기득권을 지키기 위해 자유로운 정부에 대해서는 적대적 태도를 취하고, 공화제를 도입하는 것을 회피하고, 인민을 억압하는 것을 당연시한다. 이들은 군주가 '인민의 호의'를 획득하는 싹도 은연중에 잘라버린다.

이에 저항하는 몇 세기에 걸친 변화도 존재하기는 했다. 피렌체에서 양모 사업과 은행업이 부흥하면서 귀족 가문과 신흥 부유층의 대립이 일어나고 로마 교황이 신흥 부유층과 결탁하면서 이탈리아의 권력 구조가 복잡하게 재편되었기 때문이다. 그런데 신흥 지배층이 기존 지배층과 권력 다툼을 벌이는 사이에 로마 교황은 자신의 본분을 잊고서 종교 영역을 넘어 정치권으로 권력을 확장한다.

이렇게 해서 새로운 층위의 권력 집단이 자꾸 생겨나지만, 이들은 전체 권력을 장악할 만한 무력은 충분하지 않았다. 그래서 이들은 필요할 때마다 강대국의 지원병이나 용병을 국내로 불러들이는 방법을 사용한다. 권력을 장악하기 위해 경쟁적으로 외세를 끌어들였고, 그 가운데서 교회의 영향력과 외세 의존적 정치 문화는 지속적으로 강화된다.

많은 대도시에서 시민들이 자신들을 억압하는 귀족들에게 대항해 무기를 들고 일어났고, 교회도 세속 권력을 확대하기 위해 반란을 조장했습니다. 다른 도시들에서는, 시민이 군주의 지위에 올랐습니다. 그러나 교회와 몇몇 공화국들이 이탈리아를 지배하게 되면서, 성직자들과 군무 경험이 없는 시민 지배자들이 외부인을 고용해 전투를 치르기 시작했습니다.(『군주론』, 12장)

피렌체는 11세기부터 15세기까지 이어지는 귀족층과 평민층의 대립, 대토지 소유자와 신흥 부유층의 대립, 황제파와 교황파의 대립, 대상인과 소상인의 대립, 하층민의 반란 등이 중층적으로 얽히면서 권력의 이합집산이 무질서하게 진행된다. 한때 하층민도 정치 질서에 목소리를 반영하기 위해 저항했고, 치옴피의 난처럼 권력을 탈취하는 일도 감행했다. 그 과정에서 유력 가문을 번갈아 해외로 추방하는 시위를 반복하면서 오히려 교회 권력이 커져갔다. 로마 교회는 종교적 본분까지 망각하고서 도시국가들을 공격하고 분열시키고, 피렌체로 주변 강대국을 끌어들여 피렌체 정권을 좌우하는 행각을 벌인다.

피렌체의 아킬레스건

이탈리아의 도시국가들은 자국의 안전을 지켜내려고 강대국들의 합종설과 연횡설 사이에서 날밤을 새우면서 외교 전략을 짜낸다. 그러나 피렌체는 자국 군대가 없다는 약점, 로마 교회가 피렌체로 외세를 끌어들여 이탈리아를 분열시킨다는 약점을 잘 알던 주변의 황제나 야심가들에 의해 마음대로 침공을 당했다.

그렇다면 도시국가의 안전을 지켜내기 위해 외교 전략에 목을 매기보다는 약점을 만회하는 방향으로 나아가는 것이 순리가 아니겠는가? 마키아벨리는 피렌체가 언제라도 공격받을 수 있다는 점을 걱정하면서 피렌체의 군주에게 민병대를 창설하라고 간곡히 청원하지만, 변화를 이끌어내기는 쉽지 않았다.

메디치 가문의 코시모가 그랬듯이 피렌체는 풍부한 재력을 활용해 외국군이나 용병을 고용하는 방식으로 도시를 방어했다. 이 방법도 나름 효과가 있었기 때문에 200여 년 동안 관행으로 유지되었다. 예를 들면 로마냐의 알베리코가 이끄는 용병 부대나 스위스 군대처럼 용맹을 떨치면서 승리를 이끌어내는 무리도 있었다. 금전적 여건이 허락한다면 필요할 때만 용

전쟁에 대비하는 로마인의 준비성

마키아벨리는 피렌체 공화국의 사람들에게 언제 닥칠지 모르는 전쟁에 대한 경각심을 높여주려고 고군분투한다. 그는 『군주론』의 3장에서 고대 로마인의 태도를 이렇게 전한다. 전쟁은 "피할 수 있는 것"이 아니라, 오히려 "적에게 유리하도록 지연되고" 있을 뿐이다.

병이나 원군을 고용하는 방법이 자국민의 생명을 보존하고 인민들이 언제나 생업에만 종사하게 하는 가장 안전하고 지혜로운 통치 방식일 수도 있다.

그러나 용병을 고용한 이후에 생겨나는 부정적 파장이 그리 만만치 않았다는 점을 기억해야 한다. 피렌체를 포함해 반도의 도시국가들이 프랑스 왕에게서 원병을 지원받은 탓에 승리를 거둔 이후에 무슨 일이 일어났는지를 상기해보자.

> 그들이 혁혁한 공을 세운 탓에, 이탈리아는 샤를 왕에게 공략당하고, 루이 왕에게 약탈당하고, 페르난도 왕에게 유린당하고, 스위스인에게 수모를 겪었습니다.(『군주론』, 12장)

용병이나 원군은 자신의 조국을 위해 싸우는 것이 아니기 때문에 결사 항전의 상태로 나아가기가 어렵고, 뻰질나게 임금

인상과 식량 제공과 관련해 파업을 일으키기도 한다. 설상가상으로 용병 대장이 자신을 고용한 자를 제거하고 스스로 군주가 되는 경우도 있다.

마키아벨리는 『군주론』에서 자신의 역량으로 신생 군주국을 건설한 밀라노 공국의 스포르차를 높이 평가한다. 그러나 『군주론』에서와 달리 『전술론』에서는 고용주를 배신하고서 그 영토를 빼앗은 사람이 스포르차라는 사실을 다음처럼 서술한다.

> 프란체스코 스포르차는 화려한 생활을 누리려고 자신을 용병 대장으로 고용한 밀라노인들을 속였을 뿐만 아니라, 밀라노인들의 자유를 빼앗고, 심지어 군주의 자리까지 차지해버렸습니다.(『전술론』, 1장)

마키아벨리는 외국군과 용병이 야기하는 문제를 극복하면서 조국을 안전하게 지키는 방법을 모색하는 과정에서 인간 행동에 대한 일반적 원리에 도달한다. 그 원리는 고대 로마에서 발견되는 행동 패턴이 역사적으로 반복된다는 귀납적 결론에서 나온 것이다. 그에 상응하는 행동 양식은 15세기에도 대입 가능하며, 차후에도 초역사적 설득력을 얻을 수 있는 현실적 양태다. 그래서 피렌체의 신생 군주는 항상 이 부분에 대한 대비를 하고 있어야 한다.

군주의 본질은 자나 깨나 군무

메디치 왕조가 피렌체 공화국을 군주국으로 전환하는 목표를 달성했다면, 이후에 신생 군주는 군주국을 안정적으로 통치하기 위해 무엇을 해야 하는가? 무엇을 군주의 본분으로 삼아야 하는가? 마키아벨리는 정치 수반의 중추 역할을 이른바 군대를 진두지휘하는 '군총사령관'으로 지정한다.

이에 대해서는 체사레와 로물루스를 견주면서, 로물루스가 제왕적 권력을 사용해 나라를 건국한 이후에는 그의 권한을 어떻게 제한하는지를 『리비우스 논고』를 활용해 이미 살펴보았다. 그러므로 이제는 군주의 본분을 『군주론』에서는 어떻게 설정하는지를 찾아보면서, 마키아벨리가 지향하는 정체에 대해 정리해보자.

무자비한 군총사령관이 되어라!

고대 로마는 프랑스 대혁명에서처럼 모든 계급 질서를 타파하면서 인민은 누구나 동일하게 인권을 지니는 존재이고 동일하게 자유롭고 평등한 시민권을 획득한다는 발상을 보편화하기에는 너무나도 이른 시대였다. 로물루스가 살던 당시에는 군주, 귀족, 자국민, 이방인, 예속민이 다양하게 존재하는 계급 사회였다.

그럼에도 로물루스는 인민이 속한 계급과 상관없이 자기 집단의 의견을 개진하면서 정치적 영향력을 '평등하게' 발휘하는 통치 질서를 구상한다. 그는 군주 계급과 귀족 가문이 존재하는 사회에서도 통치 권력이 어느 한쪽에 치우치지 않고 상호 견제와 균형을 이룰 수 있는 공화제적 정치 모델을 제도화한다.

어느 사회나 신분 차이와 더불어 권력 차이가 발생한다. 권력을 장악하기 위해 벌이는 처절한 경쟁과 저열한 암투를 원천적으로 근절할 수 있다고 누가 장담할 수 있겠는가? 그러나 설령 근절은 불가능하다고 해도 권력을 서로 견제하는 제도적 장치를 만든다면 차선책으로서 효과를 증폭할 수 있다. 차선책이나마 힘없고 취약한 신분인 인민이 부당하게 억압받거나 자유를 일방적으로 침해당하는 부조리한 행태를 미연에 방지하는 장치가 된다.

마키아벨리는 로물루스를 비롯해 고대 로마의 영웅들에게서 바람직한 정치 모델에 관한 영감을 받았다. 계급 질서가 타파되지 않은 사회에서도 평등한 사회라는 믿음을 인민들이 갖게 하는 통치 질서의 원형이 그에게는 고대 로마의 공화정이다. 정확하게는 카이사르가 절대 권력을 세우기 이전의 로마 공화정이다.

마키아벨리는 불평등한 계급 구조를 지닌 피렌체의 신생 군주가 군주국을 계속 유지하려면 '인민의 호의'를 얻어야 한다는 부담을 군주에게 안겨주면서 정치 체제의 일막극을 『군주론』에서 시작한다. 계급 질서를 견지하면서도 계급적 위계를 극복하는 정치 구조라는 말은 그 자체로 이율배반처럼 느껴질 수도 있다. 그래서 이율배반을 떨쳐내려고 노력해야 하고, 그 떨쳐냄의 시작점이 신생 군주의 역할을 군총사령관으로 모아가는 것이다.

> 군주는 전쟁, 전술과 훈련을 제외하고는, 다른 어떤 일도 목표로 삼거나 관심을 갖거나 몰두해서는 안 됩니다. 통치자에게 적합한 것은 전쟁과 관련된 기예들이기 때문입니다. 이런 역량은 세습 군주에게는 그 지위를 보존하게 하고, 종종 일개 시민에게는 군주로 올라가게 할 만한 것입니다. 그에 반해 만약 군주가 군무보다는 안락한 삶에 더 몰두한다면, 십중팔구 권력을 잃게 됩니다.(『군주론』, 14장)

군주는 국가의 수호를 책임지는 사람이기 때문에 내치와 외치를 연결해 인민들의 안전과 평화를 지켜주어야 한다. 군주는 인민들에게 그것을 이루어주겠다는 '간절한 마음'을 언제나 견지하면서 통치 수반으로서 역할과 방향을 결정해야 한다.

그러나 많은 군주들이 무소불위의 권력을 휘두르면서 인민의 삶보다는 자신의 안락과 풍요를 탐닉하고, 천박한 물욕이나 난잡한 사생활에 빠져들다가, 끝내는 부패와 타락에서 헤어나지 못하는 경우도 흔하다. 그래서 마키아벨리는 만약 군주가 '안락한 삶'에만 매몰한다면 끝내는 권력을 상실할 것이라고 경고한다. 군주가 권력을 계속 유지하고 싶다면, 국가를 계속 안전하게 하고 싶다면 군주의 평소 자세와 활동 방식은 이러해야 한다.

> 군주는 늘 군무에 관심을 가져야 하며, 평화로운 시기에는 더 많은 관심을 가져야 합니다. 이를 실천하는 방법에는 하나는 훈련이, 다른 하나는 연구가 있습니다.(『군주론』, 14장)

군주가 민병대를 창설하고 그들을 훈련시키고 그들의 전투력을 향상시키는 전략과 전술을 가르치는 것을 통째로 표현하면 '군무'다. 군무와 관련한 요구는 새로울 것이 없다. 그런데 여기에서 군주의 '연구' 활동이 추가로 등장한다. 군주는 평화로운 시기에도 군무와 관련한 '연구'를 게을리하지 않아야 한다는 점이 흥미롭다.

군주의 연구 내용은 구체적으로 무엇일까? 마키아벨리는 리비우스의 『로마사』를 위시해 고대 문헌을 염두에 두고 있을 것이다. 아니면 고대 로마인과의 대화 내용을 15세기 피렌체의 상황에 맞게 재해석한 마키아벨리의 『리비우스 논고』를 차후에 추천할지도 모른다. 그런데 만약 군주가 군대 통수권자로서 전투를 직접 지휘한다면 군대를 편성하는 방법, 보병과 기마병의 차이, 보병을 훈련시키는 방법, 전략과 전술 등을 습득해야 하지 않겠는가? 그런 요구를 충족하려면 군주가 펼쳐보아야 하는 책은 마키아벨리의 『전술론』이다.

마키아벨리는 기본적으로 고대 로마인과 대화를 나누면서 그의 삼부작을 완성하기 때문에, 군주가 연구해야 하는 책은 어디서든 고대 서적을 구체적으로 함의한다. 군주가 고대로 거슬러가서 그들의 행동 양식과 전투 양상을 터득한다면 군사학의 전문가 되는 데서 그치지 않고 다양한 병법을 실전에 응용하는 실천적 주체가 될 수 있다.

군주는 이론적 지식을 축적하는 것을 넘어 고대인과의 대화를 통해 초역사적으로 터득한 원리를 15세기 현실에 적용하는 실천적 지혜를 발휘해야 한다. 그렇게 나아가는 과정 자체가 르네상스 시기의 군주가 고대 로마의 영웅들을 모방하고 재현하는 행위가 된다. 선대인의 지식과 병법을 모방하는 행위가 바로 군주가 게을리하지 않아야 하는 군무의 본질이다.

> 군주는 지성적 훈련을 쌓으려면 역사서를 읽어야 합니다. 특히 의인들의 행적을 조명하려면 그래야 합니다. 의인들이 전쟁을 수행한 방법을 터득해 실패를 피해나가고, 정복을 위해 승패의 원인을 고찰해야 합니다. 가장 중요한 것은 위대한 인물들을 모방하는 것입니다. (……) 알렉산드로스 대왕은 아킬

레우스를 모방했고, 카이사르는 알렉산드로스를 모방했고, 스키피오는 키로스를 모방하면서 선인들의 행적을 모범으로 삼았습니다.(『군주론』, 14장)

마키아벨리는 이렇듯 연구가 완성되는 지점을 '병술 지식'을 갖는 것과 더불어 고대인을 실천적으로 '모방하는 행위'에서 찾는다. 누구를 모방한다는 것은 여러 측면에서 논할 수 있다. 그러므로 모방의 외연은 한마디로 통치술이다. 군주가 군총사령관의 역할로서 모방을 논한다면, 고대인이 발휘한 전략과 전술이 이루어낸 역학 구조를 15세기 피렌체에서 영토를 확장하는 방법으로 재현하는 것이다.

고대 로마의 역사에서 군총사령관으로 활동한 이들은 각양각색이기 때문에, 군주가 모방해야 하는 군총사령관은 어떤 유형인지를 다시 물을 수 있다. 마키아벨리는 『군주론』에서 서로 개성이 다른 한니발(Hannibal Barca, 기원전 247~183/181)과 스키피오(Publius Cornelius Scipio Africanus, 기원전 235~183)를 비교하면서 나아간다.

한니발과 스키피오는 모두 역량이 출중하고 전쟁터에서 남다른 용기로 압도적 승리를 이끌어낸 전사들이다. 그들의 용맹과 무시무시함은 아직도 전설처럼 내려온다. 그러나 양자를 비교하면 한니발은 상대적으로 비인간적 잔인함을 지닌 총사령관이고, 스키피오는 훌륭함과 너그러움을 지닌 총사령관이다. 마키아벨리는 신생 군주가 모방해야 하는 상으로 비인간적 잔인함을 발휘하는 한니발을 선택한다. 스키피오는 인간적 훌륭함과 너그러움을 지녔지만, 전장에서는 이런 개성이 오히려 패배 요인이 되기 때문이다. 마키아벨리는 스키피오의 품성을 군총사령관으로 행동하는 군주의 성격으로는 적절치 않다고 본다.

군인은 전쟁터에서 사선을 넘나들기 때문에, 조금이라도 방심할 틈을 주면 타락과 퇴폐로 빠져들고, 여차하면 허세와 만용을 부리다가 군기를 문란하게 한다. 이런 처지에 있는 군인들을 통솔하는 자는 군대를 효율적으로 통제하기 위해 잔인하다거나 거칠다는 평가를 받는 것에 개의치 않아야 한다. 전쟁터에서 그들의 본분은 잔인한 일을 수행하고 거칠게 싸우는 것이다. 군인에게 총사령관의 무자비한 잔인함은 별 거부 반응 없이 자연스럽게 수용된다.

군총사령관으로서 일사불란하게 군대를 유지하기를 원하는 군주라면 스키피오의 인간적 훌륭함과 너그러움에 매몰하지 말고 한니발의 비인간적 잔인함을 모방하고 모델로 삼아야 한다. 스키피오는 훌륭한 성품과 너그러움을 발휘해 군대를 통솔한 탓에 결국 군대를 위험에 빠뜨리고, 정치적 행보에서도 끝내 불행한 말로에 이르게 된다.

> 그는 매우 훌륭한 인물로 평가받았습니다. 그러나 그의 군대는 에스파냐에서 반란을 일으켰습니다. 그가 너무 자비로워서, 군사적 규율을 잡아야 할 때 병사들에게 필요 이상으로 자유를 허용했기 때문입니다. 파비우스 막시무스는 원로원에서 스키피오를 탄핵하면서 로마 군대를 부패시킨 장본인이라고 비난했습니다.(『군주론』, 17장, 121)

군주의 본업은 군대 통수권자의 역할을 탁월하게 수행하는 것이다. 신생 군주가 스키피오와 같은 인간적 실수를 범하지 않으려면 한니발의 비인간적 잔인함 앞에서 주저하면 안 된다. 마키아벨리가 반인반수의 방법을 사용하는 무자비한 전사인 체사레에게 이탈리아를 통일할 군주라는 희망을 건 것도 그 때문이다.

선인으로 선회하는 군주

마키아벨리는 지금까지 군주와 무자비한 전사를 등치시켰

다. 그러나 그가 전적으로 이런 논조로만 『군주론』을 마무리하지는 않는다. 군주 자리에 있는 사람들이 늘 전쟁만 치르는 것은 아니기 때문이다. 몇십 년에 걸쳐, 몇백 년에 걸쳐 태평성대를 누린다면 어떻게 하겠는가? 그러므로 군주는 장기적 관점에서 어떤 유형의 통치자가 될지를 재고하는 시간이 필요하다. 태평성대가 지속된다면 군주의 종착역이 체사레와 같은 무자비한 전사일 필요는 없지 않은가? 군주가 언제까지 성품이 올바르다는 '가상'만 유포해야 하는가?

군주는 정치적 맥락에서는 국가를 수호하는 군통수권자이지만, '인민들의 호의'를 얻으려면 인민들을 억압에서 해방하는 내용을, 평등과 자유를 보장하는 윤리학적 정의나 도덕적 가치를 통치 질서에 덧붙일 필요가 있다. 도덕법과 실정법은 서로 다른 차원의 법이지만, 양자는 서로 연결되며 서로 중첩하는 내용도 지닌다.

그렇다면 도덕법과 실정법의 연계처럼 윤리학과 정치학의 접촉점을 마키아벨리에게서도 다시 찾아보자. 그의 책 어느 곳에서 군주가 그런 접촉점을 외관이나 가상이 아니라 내면에서 진정으로 우러나오는 본질의 발현으로 논할 수 있는 가능성이 존재할지도 모르기 때문이다.

이 목표를 선명하게 달성하려면 『군주론』의 논조만으로는 충분하지 않다. 달리 말해 마키아벨리의 진의를 파악하려면 그가 쓴 책들 가운데서 한 권만 읽는 것은 참으로 위험하다. 그의 책을 한 권만, 그것도 『군주론』만 읽는다면 포말 같은 추문과 비난 속으로 빠져드는 것을 막을 수 없다. 마키아벨리의 책을 한 권만 읽는 독자는 위험한데, 이것은 마키아벨리의 다른 책에도 공히 적용된다. 『군주론』을 무시하면서 오직 『리비우스 논고』만 읽는 독자도 위험하다.

물론 마키아벨리의 책을 한 권만 자세히 읽어도 마키아벨리의 교란 작전을 간파할 수 있다고 반박하는 독자도 있을 것이다. 그 반박이 옳다. 당연한 반박이다. 그러나 마키아벨리가 교란 작전을 벌인다는 근거를 정확하게 제시하려면, 그의 삼부작을 연결하는 것이 더 안전하고, 반박의 정당성과 설득력도 더 높일 수 있다.

마키아벨리의 진의를 판단하기 위해 일반적으로 군주국과 공화국의 관계, 『군주론』과 『리비우스 논고』의 관계에 초점을 맞춘다. 그러나 이제는 다소 소원하게 다룬 『전술론』을 부각할 시점이다. 마키아벨리의 『전술론』은 그다지 재미도 없고 일반인이 딱히 흥미를 느끼지도 않는 군제 문제를 다룬다. 그 속에서 바람직한 정체라든지 윤리학과 정치학의 관계와 같은 논의를 발굴해내기는 쉽지 않다. 그러나 마지막까지 꼼꼼하게 완독

하지 않아도 좋으니 일단 『전술론』을 들추어보자.

마키아벨리의 삼부작이 유기적으로 맺는 내용적 연관성과 상보성을 고려하면서 『군주론』에서 『전술론』으로 이행하면, 그리고 약간만 참을성을 발휘해 『전술론』을 읽어나가면 신세계를 여는 것과 같은 논조가 발견된다.

군주는 한마디로 통치자다. 그렇다면 어느 국가에서든 통치 수반이 본업으로 삼는 것이 있을 것이다. 제왕적 권력이 필요했던 피렌체는 신생 군주를 내세워야 했고, 뒤이어 신생 군주는 군총사령관으로서 전쟁에 대비하는 능력에 주력해야 했다.

그러나 전쟁과 무력 갈등이 그다지 일어나지 않는 시대라면 어떻게 해야 하는가? 통치자의 본업은 전쟁 대비인가? 이렇게 물으면 『군주론』에서는 그렇다고 대답한다. 그러나 『전술론』에서는 그것을 교정하게 하는 내용들이 발견된다. 마키아벨리는 『전술론』에서 전쟁을 삶의 수단으로 삼는 자들을 강력하게 비판하면서 논의를 이끌어낸다.

> 전쟁을 수단으로 하는 제도 아래에서는, 어떤 시대의 인간도 정직하게 살아갈 수 없습니다. (……) 전쟁으로 이익을 얻으려고 하는 사람은 탐욕과 기만에 가득 찬 난폭자임에 틀림없으며, 전쟁이 그에게 필요한 것이라면 그를 선한 사람이라고 할

수 없는 많은 내용이 담겨 있습니다. 그래서 그를 선인이라 부를 수 없습니다.(『전술론』, 1장)

마키아벨리는 『군주론』의 군주에게는 전쟁을 대비하는 역할을 맡기면서 선인이 아니라 선한 것처럼 보이는 '가상'을 지니면 그것으로 족하다고 주장한다. 그런데 그가 『전술론』에서는 전쟁을 통치 수단으로 삼는 자를 경계한다. 전쟁을 통치 수단으로 삼는 군주와 관련해 마키아벨리가 특히 지적하는 점은 정직하지 못하다는 것이다. "전쟁을 좋아하는 자"는 정직하지 못하며, 그런 자는 '선인'이 아니다. 전쟁을 직업으로 삼으려고 하는 자는 '선인'이 아니라고 비판하는 것이다.

마키아벨리는 로마 공화정이 형성된 이후에 갖은 전쟁을 만들어내면서 절대 권력을 창출한 카이사르나 폼페이를 그와 같은 맥락에서 "전쟁을 좋아하는 자"로 분류한다. 달리 말하면 그들은 정직하지 못한 자라는 지적을 받아야 한다. 마키아벨리는 로물루스를 칭송하던 것과 달리 카이사르와 폼페이는 선인이 아니며 선덕을 갖추지 못한 자라고 평가한다. 이들은 로마 공화정을 무너뜨리고 황제가 된 자들인데, 『군주론』의 군주상을 도입하면 역량을 지닌 용맹한 전사이면서 새 시대를 여는 사람들임에도 마키아벨리는 그들을 '선덕'을 갖추지 못한 사람들이라고 가치 절하를 한다.

그에 반해 이들 이전에 고대 로마의 역사에 등장하는 영웅들은 역량뿐 아니라 '선덕'도 동시에 갖춘 사람들이라고 마키아벨리는 강조한다. 분명 이 영웅들도 카이사르와 폼페이처럼 전쟁터에서 무자비한 잔인함도 발휘하고 전쟁에 몰입해 혁혁한 공도 세웠나. 그러나 이들은 카이사르나 폼페이와는 달리 자신들의 특기를 전쟁 수행 능력으로 간주하지 않았다는 것이 중요한 차이점이다. 이들은 전쟁을 삶의 목표로 삼지 않았다. 무자비한 잔인함을 발휘하는 전쟁 능력이 그들의 목표인 것이 아니라, 그저 그들의 여러 특기들 가운데 하나였다. 단지 그 시대가 이들에게 그 특기를 사용하기를 요구했고, 그래서 이들은 그에 상응하는 정도로 능력을 발휘했다. 그런데 그런 특기를 발휘해야 할 상황이 사라지자 이들은 당연하게도 다른 일에 집중하면서 살아간다.

카이사르나 폼페이의 행동 방식과 달리 마키아벨리가 칭송하는 영웅들은 전쟁 능력을 발휘하겠다는 목표로 살던 사람들이 아니다. 그래서 그 영웅들은 선덕을 발휘하면서 살아간 선인으로 이름을 남기게 되었다. 마키아벨리는 이런 측면을 『전술론』의 1장 7절에서 다음처럼 정리한다.

(이전의 영웅들은) 전쟁을 직업으로 생각하지 않았고 자신의 특기로 삼지도 않았습니다. 그러나 앞서 이름을 거론한 장군들(폼페이, 카이사르)은 전쟁을 자신의 특기로 이용했습니다. 공화국이 이런 악덕에 물들지 않았을 때는, 위대한 시민들은 평화로운 시기에 그 특기를 악용해 권세를 유지하려 들지 않았고, 법을 어기고 농촌을 돌아다니면서 강도짓을 하고 조국의 땅을 약탈하지도 않았습니다.(『전술론』, 1장)

마키아벨리의 새로운 주장에도 불구하고 다시 생각해야 할 점은 여전히 남아 있다. 인간 본성의 동일성과 유사성을 전제한다면 전쟁과 무력 갈등은 인간 사회에서 완전히 근절되지는 않기 때문에 영원한 태평성대라는 것 자체가 존재할 수 없다. 전쟁은 르네상스 시기에도 근절되지 않았고, 평화를 실현하는 국제적 기구와 법적 장치들을 상당히 마련한 지금 이 순간에도 근절되지 않았고, 심지어 지금 이 시간에도 전쟁이 일어나고 있다. 고대 로마인이 전쟁과 관련해 주장한 것처럼 전쟁은 근절되는 것이 아니라 단지 적에게 유리하도록 지연되는 것일 뿐이다.

그렇다면 인간은 전쟁을 사전에 대비해야 하는 모든 행태에서 영원히 벗어나지 못한 채 살아가야 한다. 군주는 군총사령관의 지위를 통치의 근간으로 삼아야 한다. 그런 맥락에서 군주는 일종의 직업군인이 아닐까라는 생각도 든다. 그래서 군사력 문제와 관련해 군주의 본업을 어떻게 정리해야 하는가 하는 의문점이 계속 남는다.

직업 군인을 거부하라!

마키아벨리에게 군주의 본업은 군총사령관이다. 그러나 앞에서 영웅들을 전쟁을 좋아하지 않는 선인이라고 주장했듯이, 군주의 본업에서 이탈하는 측면들을 조금 더 찾아보자. 마키아벨리는 이와 관련해 『전술론』에서 산발적으로 의견을 제시한다. 그는 인간 본성의 동일성과 그에 뒤따르는 일반적 행동 패턴을 전제하면서도, 상비군 문제와 연동하는 통치에 대해서는 다음처럼 정리한다.

> 군주들이 걱정 없이 통치를 하려면, 보병 군대는 이런 사람들로 편성해야 합니다. 전쟁을 치러야 할 때는 군주에 대한 충성심으로 기쁘게 전쟁터로 뛰어들고, 평화가 찾아왔을 때는 기꺼이 고향으로 돌아가는 그런 병사들로 편성해야 합니다.

> 따라서 군주는 군대 말고도 다른 직업으로 생활할 수 있는 인물을 병사로 뽑아야 합니다.(『전술론』, 1장)

마키아벨리는 비상시를 대비해 전투 능력을 갖춰놓는 것은 반드시 필요하다고 본다. 그러나 이와 동시에 그는 전쟁에만 종사하는 직업군인은 양성하면 안 된다고 천명한다. 누구나 각자의 본업이 있고 평시에는 본업에 종사해야 한다. 만약의 사태에 대비해 군주는 민병대를 조직해야 한다. 그러나 군주는 민병대의 성격을 직업군인으로 삼아서는 안 된다. 인민들은 각자의 생업에 종사하다가 유사시에 군대나 전쟁에 동원될 수 있는 역량을 갖춰놓는 것으로 충분하다. 직업군인이 될 필요가 없이 생업을 하는 사이사이에 약간의 시간을 내어 준비하면 된다.

마키아벨리에게 군대는 생업보다 선행하는 요소가 아니다. 각자의 생업이 본업이다. 유사시에 동원될 수 있는 능력을 지닌 자로 구성된 민병대는 부차적 활동이다. 그래서 마키아벨리에게 자국 군대라는 것은 애초부터 민병대의 성격을 지닐 수밖에 없었다.

군주는 통치 조직의 체계를 만들 때 군인이라는 직업을 신분 질서에서 굳건하게 설정하면 안 된다. 마키아벨리가 피렌체의 군사력을 양성하기 위해 시골로 내려가서 민병대를 조직하기 시작한 것도 직업군인에 대한 거부가 이미 작동하고 있었던 것이다. 처음 민병대를 창설할 때는 유력시민들의 의구심을 막아내기 위해 농촌으로 내려갈 수밖에 없는 면도 있었다. 그러나 직업군인의 성격을 지니지 않는 군대를 만드는 것도 마키아벨리에게는 주효했다. 평소에는 농사를 짓던 농민들이 필요할 때는 군인으로 훈련받고 전쟁에 참여한다. 전쟁이 끝나면 다시 농부 생활로 복귀해야 한다. 이것이 『전술론』에서 강조하는 내용이다.

그에 비추어 군주의 역할도 유사한 성격과 동일한 양식을 따라야 하지 않겠는가? 상비군을 만들지 않는 것, 군인을 직업으로 삼는 법 제도를 만들지 않는 것, 이것이 바로 군주가 망각하면 안 되는 지점이다. 군주는 자나 깨나 군무에 몰두하면서 군총사령관으로서 지위에 있어야 한다. 그러나 평화로운 시기에 군주의 본업은 현명함과 선덕을 발휘하는 자가 되는 것이다.

> 내가 말하는 로마인은 현명하고 선덕을 갖추고 있는 한에서는, 시민이 생업으로 보병 군대를 편성하는 것을 절대로 용서치 않았습니다. 언제나 전쟁 중이었기 때문에 전쟁으로 먹고

살아갈 수도 있었지만, 그래도 그것을 허락해서는 안 되었습니다.(『전술론』, 1장)

그래서 군주가 가장 경계해야 하는 인물은 평상시에도 전쟁을 계획하는 자들이다. 마키아벨리는 평화로운 시절임에도 불구하고 군주에게 전쟁을 하도록 충동질하면서 직업군인을 결성하라고 조언하는 신하를 경계해야 한다고 주장한다. 그는 『군주론』에서 직업군인을 만들지 말라거나, 직업군인을 결성하라고 조언하는 신하를 경계하라는 식으로 서술하지 않는다. 오히려 군주는 무력을 가져야 하고 무력을 지니기 위해 군대를 양성해야 한다는 것을 그는 『군주론』에서 강력하게 요청한다.

그러나 그가 『군주론』의 22장과 23장에서 군주가 경계해야 하는 측근들의 유형을 다루면서 신하들 가운데 '아첨꾼'을 잘 가려내야만 군주국이 오래 번성한다고 주장하는 대목이 있다. 이 내용을 우회적으로 발전시켜보자. 군주는 신하들 가운데서 옥석을 가려내는 능력을 길러야 한다. 군주는 자신을 막다른 골목에 이르게 하는 아첨에 넘어가는 오류와 실수를 범해서는 안 된다.

피하기 어려운 과오에 관한 논의를 빠뜨리고 싶지 않습니다.

> 이 오류는, 군주가 사려 깊지 못하고 인물을 고르는 데서 미숙하면, 범하기 쉬운 것입니다. 그 과오는 궁정을 가득 채우고 있는 아첨꾼들이 야기하는 위험과 관련됩니다.(『군주론』, 23장)

피렌체 공화국의 안전한 미래를 지속적으로 실현하는 것에 골몰해야 하는 군주는 어떻게 행동해야 하는가? 군주는 민병대를 양성하고 그들을 진두지휘하는 군대 통수권자가 되어야 한다. 그러나 군주는 평화로운 시기임에도 불구하고 군인을 직업으로 삼으려는 집단을 양성하면 안 된다. 군주의 통치는 유사시에 군총사령관의 역할을 탁월하게 수행하도록 군사학을 늘 연구하는 데로 나아가야 하지만, 이와 동시에 군총사령관의 역할을 넘어 선인이면서 선덕을 지닌 군주의 역할을 본업으로 삼는 방향도 견지해야 한다.

군주국의 미래

피렌체 공화국을 지켜내기 위해 마키아벨리는 법 제도와 자유로운 통치 질서를 구축하는 것과 관련된 해법을 『군주론』에서 전개한다. 그것은 피렌체의 저급한 정치 문화를 바꾸면서 외세의 침입과 강압에 휘둘리지 않는 역량을 키우는 것이다. 기본적으로 그의 주장은 스스로 영토 확장을 이루어낼 수 있는 '자신의 무력'을 지닌 군주가 출현해야 한다는 것이다.

그렇다면 자신의 무력을 동원해 강력한 역량을 발휘한 당대의 군주는 누구일까? 이미 죽어서 사라져버린 체사레 보르자 이외에도 이탈리아 반도를 넘보는 괘씸한 인물이라도 좋으니 모델이 될 만한 당대의 군주를 찾아보자. 마키아벨리는 당대에 현존하는 군주들 가운데서 에스파냐의 국왕 페르난도를 이렇게 칭찬한다.

> 대규모 군사 작전을 수행하고 비범한 행동을 보여주는 것만큼 군주에게 높은 명성을 가져다주는 것은 없습니다. 현재 에스파냐 국왕인 아라곤 가문의 페르난도가 가장 탁월한 예를 보여줍니다. 그는 실제로 신생 군주나 마찬가지입니다. 그는 약소국의 군주로 시작했지만, 기독교계에서 가장 명망이 있고 가장 영광스러운 왕이 되었습니다.(『군주론』, 21장)

그렇다면 만약 피렌체의 신생 군주가 에스파냐 국왕을 모방하려고 한다면 15세기 피렌체를 위해 무엇을 성취해야 하는가? 피렌체를 궁극적으로 안정시키려면 신생 군주는 이탈리아 반도의 도시국가들을 통일하는 군주가 되어야 한다. 피렌체는 '약소국'이지만, 약소국의 군주로서 출발하는 신생 군주가 반도 전체를 통일해 '거대한 국가'를 건국한다면 아마도 그는 이탈리아에서 가장 영광스러운 왕이 될 것이다.

마키아벨리는 그런 원대한 목표를 마음에 품고서 나아갔기 때문에 메디치 가문이 피렌체로 복귀하는 현실 자체를 거부하지 않았다. 그는 오히려 현실 논리를 철저히 수용해 대안을 모색한다. 메디치 왕조가 피렌체의 통치 질서를 신생 군주국으로 바꿔나가는 사태를 지켜보면서 역량과 행운을 모두 거머쥔 조카 로렌초가 흔하게 오지 않는 운명적 행운을 실제로 사용하기를 바란다.

게다가 피렌체 인민들의 부패가 늘어나고 있었기 때문에, 설령 메디치 가문이 아니더라도 그동안 누적되어온 피렌체의 총체적 부패를 일소하려면 제왕적 권력을 지닌 자가 등장해야 하는 상황이었다. 마키아벨리가 희망하는 내용과 메디치 가문의 복귀가 우연하게 맞물린 측면도 있다.

운명을 극복하는 자유의지

그런데 어느 나라의 군주든, 그 속에서 고통을 받는 어떤 인민이든, 부조리한 국내외 질서를 만들어내는 근본 요인을 거시적으로 파악하지 못하고 오히려 퇴보를 야기하는 요인들과 맞물려서 총체적으로 타락해가는 경우에는 어떻게 해야 할까? 달리 말하면 전방위적으로 부패한 사회에서는 인민들이 자신들을 고통과 억압으로 밀어넣는 쇠고랑을 스스로 선택하고 스스로 만들어내기도 한다.

그래서 마키아벨리는 소소한 도시국가들이 대립하면서 고통과 억압을 강화하고 악무한의 상황으로 빠져드는 것을 막아내는 근본적 해법으로 도시들의 부패와 타락을 통제하는 거대한 국가를 세워야 한다고 주장하는 것이다. 그는 거대한 국가의 강력한 권력이 소소한 도시들의 고통과 외압을 막아주고 통제하는 사례를 프랑스와 에스파냐에 비유해 설명한다.

> 이탈리아처럼 확연하게 부패한 곳에서는 어떤 선행도 기대할 수 없다. 프랑스와 에스파냐도 그런 부패의 한 면을 담당하고 있다. 이들 국가에서, 만약 우리가 이탈리아에서 날마다 목격하는 것보다 더 적은 소동이 일어난다면, 그 원인은 인민의 선량함보다는 오히려 그 나라들에는 인민을 단결시키는 왕이 존재한다는 데 있다. 왕은 자신의 능력뿐만 아니라 훼손되지 않은 왕국의 제도로도 단결을 유지한다.(『리비우스 논고』, 1권 55장)

마키아벨리는 『군주론』의 전반부에서 피렌체를 군주국으로 바꿔나가는 메디치 가문의 통치자에게 독자적이고 자립적인 신생 군주국을 세우라고 주장한다. 그리고 그는 『군주론』의 후반부로 갈수록 신생 군주국을 세우는 군주는 어떤 능력과 자격 조건을 갖춰야 하는지, 그런 능력을 지닌 군주는 동맹과의 관계에서 또 인민과의 관계에서 어떻게 처신해야 하는지 설명한다.

군주는 국가를 건국하고 유지하려면 역량과 행운, 자신의 무력으로서 민병대를 갖춰야 한다. 여기에 인민들의 호의를 덧붙이지 못하면 끝내는 무용지물이 된다. 일개 시민에서 군주가 되려고 하는 피렌체의 신생 군주라면 특히나 '인민들의 호의'가 중요하다. 그런데 이렇듯 인민의 호의를 기반으로 통치하고 싶다면 신생 군주도 공화제와 같은 효과를 내는 방향으로 나아갈 수밖에 없다.

피렌체 군주국에서 통치자의 지위를 유지하려면 궁극적으로 외세가 피렌체를 넘보지 못하게 해야 한다. 피렌체는 주변 강대국들에게 짓밟히고 내정 간섭을 당하고 조공을 바쳐왔고, 사분오열한 도시국가들끼리도 경쟁과 침탈을 반복했다. 이것을 막아내기 위해 신생 군주가 지녀야 할 원대한 목표는 한 국가로서 이탈리아를 건국하는 것이다.

주변 강대국과 로마 교회의 야욕 때문에 이탈리아 반도의 도시국가들은 끊임없이 외세의 공격을 받거나, 부질없이 전쟁에 휩싸이거나, 자주권에 대한 외세의 간섭을 묵인하거나, 도시국가들끼리도 분열을 반복하거나 하는 일을 모두 끝내야 한다.

이때 사분오열한 도시들을 하나로 통합하려면 신생 군주는 '탁월한 역량'을 지녀야 하고, 그에게 주어진 행운과 운명을 때에 맞추어 활용할 줄 알아야 한다. 그러나 군주가 지닌 행운과 운명은 아주 변덕스러워서 순식간에 사라져버리거나 때로는 군주의 행보를 방해하는 방식으로 요동칠 수 있다. 행운과 운명이 어떤 식으로 요동쳐도 신생 군주는 변덕과 변수를 극복하면서 이탈리아의 통일이라는 원대한 꿈을 이루어내야 한다. 이때 관건은 역량이지만, 행운의 변수에 압도당하지 않도록 주의해야 한다.

그렇다면 행운의 요동침에 휘둘리지 않기 위해서 어떻게 해야 하는가? 이탈리아를 통일한다는 원대한 꿈을 이루려는 '강한 의지'를 계속해서 관철해야 한다. 그렇게 하겠다는 '자유의지'를 얼마나 강력하게 발휘하는가가 행운과 운명을 제어하는 역량이 된다. 서양에서 운명의 여신은 변덕스럽고 제멋대로여서 신학적 명예가 없었다. 그러나 마키아벨리는 변덕스럽고 제멋대로라고 여겨지는 운명의 여신이 실제로는 타의 추종을 불허하는 역량을 지닌 사람을 좋아하며, 그 역량이 일으키는 반향을 지지한다고 주장한다. 마치 자신을 구하는 자가 세상을 구하는 것처럼, 운명의 여신은 어떤 악조건에서도 세상을 구하겠다는 자유의지를 강력하게 발휘하는 자의 편에 선다. 군주가 지닌 역량의 세기가, 즉 자유의지의 강도가 변덕스러운 운명의 신도 통제한다. 역량과 자유의지는 강도 면에서 정비례하며 행운과 운명의 신의 도움과도 정비례한다는 것이 마키아벨리의 착상이다.

> 운명은 그것에 대항하는 어떤 역량도 길러놓지 않은 곳에서는 위세를 떨치고, 그를 제어하기 위한 어떤 제방이나 둑도 마련해 놓지 않은 곳을 덮칩니다. 만약 당신이 지금 급변의 원천이자 무대가 되는 이탈리아를 살펴보면, 어떤 제방이나 둑도 없는 들판이나 마찬가지라는 것을 알 수 있을 것입니다.(『군주론』, 25장)

마키아벨리는 이탈리아 반도를 통일할 역량이 있다고 기대한 체사레 보르자가 어처구니없이 스러져가는 모습을 지켜보면서 운명과 행운의 요동침에 대해 더 심각하게 천착했을 것이다. 그래서 그는 어떤 폭풍우와 불행이 휘몰아쳐도 그것을 모두 이겨낼 강력한 역량을 피렌체의 신생 군주가 강력하게 갖추어놓기를 희망한다.

역량이 있는 자가 행운까지 지닌다면 더할 나위 없는 금상첨화다. 로마 교황을 아버지로 둔 체사레 보르자가 역량과 행운을 지닌 금상첨화였지만, 그는 이미 죽고 없다. 다행히 피렌체의 조카 로렌초가 체사레와 유사한 역량과 행운이 있어서 통일 이탈리아를 건국할 절호의 기회가 찾아왔다.

그런데 조카 로렌초의 행운도 체사레의 경우처럼 언제 변덕을 부리면서 날아가버릴지는 알 수 없다. 체사레의 불운까지 넘어서야 하는 당위성이 조카 로렌초에게 던져진다. 어떤 불행이 휘몰아쳐도 그것을 이겨낼 수 있도록 '더 강력한 역량'을 발휘해야 하고, 여기에는 그렇게 하겠다는 '자유의지'가 굳건하게 발휘되어야 한다.

> 오랫동안 다스려왔던 국가를 잃은 우리 시대의 군주들은 운명을 탓해서는 안 되고, 자신의 무능을 탓해야 합니다. 무능한 군주들은 평화로운 시절에는 상황이 변할 것이라고 결코 생각하지 않았고, 그러다가 상황이 변해 역경에 처하면 방어하기보다는 오직 도망갈 궁리만 했기 때문입니다.(『군주론』, 24장)

피렌체의 신생 군주는 이탈리아의 통일을 이루어내기 위해 '행운의 변덕과 우연'까지 거슬러가는 역량과 무력을 길러야 한다. 그리고 군주의 그런 강인함을 뒷받침하는 최후의 지지대는 '인민의 호의'다. 민병대와 더불어 인민의 호의까지 얻는다면 교황이라는 남다른 행운이 변덕을 부려도 뚫고 나갈 수 있다. 인민의 호의는 모든 것을 극복해내게 하는 '일반적 행운'이며, 통치 권력을 계속 유지하게 하는 '항상적 행운'이다. 그러므로 군주는 일반적 행운을 얻겠다는 목표에, 항상적 행운을 관철하겠다는 의지에 집중해야 한다. 모든 난관을 이겨내는 준비를 하겠다는 '자유의지'는 인민의 변덕스러움을 극복하면서 인민들의 항상적 호의를 획득하겠다는 것과 공속한다.

> 흔히들 세상사는 원래가 운명과 신에 의해 다스려지기 때문에, 인간이 신중함을 발휘해 세상사를 통제할 수 있는 것은 아니라고 생각합니다. (……) 그러나 저는 인간의 자유의지를 박탈하지 않기 위해 이렇게 판단합니다. 우리의 행동과 관련되는 진실은, 반절만 운명이 주관하고, 반절은 우리의 통제에 달려 있다는 것입니다.(『군주론』, 25장)

마지막 순간까지 마키아벨리의 영혼은 바른 제도와 사회정의를 견인해내겠다는 공명심으로 가득 차 있었다. 조국이 외세의 공격을 받거나 부당한 전쟁에 휩쓸릴 때, 인민의 생명과 안전을 지켜내는 외교적 역량을 지닌 사람은 마키아벨리였다. 피렌체 공화국이 어떤 방향으로 나아가야 하고, 어떤 정치체제를 구축해야 하는지를 아는 사람도 마키아벨리였다. 마키아벨리는 이런 자신감과 확신에 기초해 그의 정치적 통찰력을 『군주론』으로 펼쳐낸 것이다.

공화국으로 전환을 준비하라!

그런데 그가 『군주론』에서 다소 지나가듯이 언급한 '인민의 호의'라는 측면이 군주국의 체제를 공화제로 바꾸라고 할 만큼 강력한 의미를 담고 있는가? 어느 정체를 형성하든 인민의 호의는 필요하다. 그렇다면 『군주론』에서 언급하는 '인민의 호의'에 지나치게 기대어서 마키아벨리가 시민형 군주국을 강조했다든지, 군주정을 공화정으로 바꾸는 논의를 했다든지 하는 것은 과도한 침소봉대가 아닐까?

과도한 침소봉대라고 폄하할 수 없는 증거들이 존재한다. 마키아벨리는 메디치 가문의 가계도에 주목하면서, 일찍부터 메디치 왕조가 신생 군주국을 튼튼하게 구축한 이후에는 군주정을 점차 투표에 의해 선출되는 집정관 체제로 바꾸자는 제안을 메디치 왕조에게 했다는 기록이 남아 있다. 위대한 로렌초의 아들인 줄리아노는 1516년에 사망하고, 조카 로렌초도 뒤이어 1519년에 단명으로 생을 마감한다. 그리고 레오 10세 교황이 된 조반니는 1521년에 사망한다. 이렇게 해서 메디치 가의 남자 후손으로는 조반니와 줄리아노의 사촌인 줄리오 데 메디치(1478~1534)가 남는다. 그런데 그는 성직자였고, 조반니의 뒤를 이어 1523년에 클레멘스 7세 교황이 된다.

마지막으로 줄리오가 피렌체 정부를 좌우하기는 했지만, 메디치 가문의 적통 후손은 남아 있지 않은 상태였다. 그래서 마키아벨리는 메디치 가문과 관련해 두 가지 측면을 생각하고 있었다. 하나는 메디치 가문이 복귀하면 군주정을 세울 것이고, 혹시라도 시간이 지나면서 참주정으로 전락할 수도 있다는 걱정이었다. 다른 하나는 메디치 가는 남자 후손이 많지 않은 데다가 종교에 헌신하는 추기경을 계속 배출하다 보면 조만간 대가 끊길 것이라는 추측이다. 조카 로렌초의 딸이 카트린 드 메디치인데, 그녀는 프랑스 왕비가 된다.

그래서 마키아벨리는 피렌체의 국정을 개혁하는 방법에 대해 의견을 듣고자 하는 조반니(레오 10세 교황)와 줄리오(클레멘스 7세 교황)에게 피렌체의 통치를 물려받은 메디치 가의 후손이 끊길 것을 대비해 일찍부터 군주국을 일종의 공화국 체제

메디치 가에게 개혁안 건의

피렌체 군주정을 구축한 다음에도 공화정을 지지하는 저항자들이 계속 나타났기 때문에 조반니(교황 레오 10세)는 분위기를 가라앉히기 위해 정부 개혁안을 받아들이곤 했다. 마키아벨리도 조반니에게 개혁안을 올렸다. 메디치 가의 마지막 적장자인 줄리오도 교황 클레멘스 7세로 선출된 이후에 개혁과 관련된 방향을 마키아벨리에게 물어왔다.

로 전환하는 준비를 해야 한다고 진언한다. 조반니와 줄리오가 살아 있는 동안에는 메디치 군주정을 유지하되, 그들이 사망한 이후에는 비군주정의 정부로 되돌리자는 것이다.

고중세 피렌체가 설령 자유를 보존하고 평등에 대한 믿음을 만들어주려고 노력하는 법률을 만들었다고 해도 이전 시기의 피렌체는 "진정한 의미의 공화국"이 아니었지만, 메디치 군주정의 마지막 적장자가 사망하기 전에 "진정한 의미의 공화국"으로 전환하기 위한 초석을 만들자고 제안한 것이다.

3장

철학의 이정표

첫 번째 이정표

『정치가』
플라톤, 김태경 옮김, 한길사, 2000

마키아벨리는 평화롭고 안전한 국가를 건설하려면 통치 수반이 정무를 수행하는 토대는 개인적 덕성이나 지혜가 아니라 실정법과 관료제를 주축으로 하는 공적 체계여야 한다고 생각한다. 그러나 메디치 가문이 통치하던 15세기 피렌체 공화국은 플라톤 철학에 심취한 미란돌라, 폴리치아노, 피치노와 같은 인문학자들의 발상이 예술과 종교를 넘어 정치에도 영향을 끼치면서 법률보다는 개인적 덕성과 지혜를 우위에 두는 통치 방식이 나타난다.

특히 피렌체에서 조국의 아버지라고 일컬어지는 코시모에서 위대한 로렌초로 이어지는 정치 행위는 통치자의 지혜를 강조하는 플라톤의 철인정치를 암묵적으로 모방한다. 플라톤에게 가장 이상적 국가는 '정의로운 국가'이고, 정의의 의미는 이데아계를 모방하는 『국가』에서 서술된다. 그러나 정치 수반이 갖춰야 하는 자질과 뛰어난 철학자가 왕이 되어야 하는 이유를 집중적으로 다루는 책은 『국가』가 아니라 『정치가』다. 플라톤은 이데아들의 관계를 '결합과 분리의 방법'을 사용해 설명하는 것처럼, 『정치가』에서도 '통치술'의 의미를 그렇게 규정하면서 철학자가 통치해야 하는 근거를 제시한다.

일반적으로 통치자는 정치인이고 법률을 토대로 사회 정의를 실현하는 것을 목표로 삼지만, 플라톤에게는 세상의 원리를 탐구하는 철학자가 영혼의 세 기능에서 발현하는 지혜를 사용해 국가의 정의를 실현할 수 있다. 통치는 법률에 기초해야 한다고 해도, 플라톤은 법률만으로는 모든 악행을 근절할 수 없다고 주장한다. 모든 악행을 근절하려면 법률의 한계를 벗어나는 면도 조율할 수 있는 탁월한 지혜가 필요한데, 철학자는 진리를 탐구하는 자들이기 때문에 그런 통치자로서 가능성이 있다.

참으로 정의로운 국가는 특정 집단만 행복하게 하지 않고 모든 인민을 행복하게 하고, 인민을 부조리와 부정의에 빠져들게 하는 악행과 나쁜 일을 종식해야 한다. 안타깝게도 법은 모든 악행을 포괄하지 못하며, 법적 규정을 넘어서는 상황에 대처하기가 어렵다. 그러므로 실정법의 존재 여부를 떠나서 사태의 본질을 꿰뚫는 혜안과 지혜로운 대처 능력이 있는 통치자가 요청된다.

위대한 로렌초는 플라톤 철학에 심취해 지혜를 피렌체의 통치 방식으로 활용한다. 통치의 효과를 높이려고 하다 보니 법보다는 왕의 개인적 덕성이나 인격에서 나오는 행보가 중요해진다. 메디치 가문은 플라톤의 원래 의도를 점차 왜곡하면서 공적 권력을 사유화하거나 권력을 독점하는 방향으로 나아간다. 그러므로 통치술의 본질과 철인왕의 존재론적 위상을 제대로 파악하기 위해 플라톤의 『정치가』를 살펴보면서 피렌체의 상황과 비교하면 좋겠다.

두 번째 이정표

『정치학』
아리스토텔레스, 천병희 옮김, 숲, 2009

인간의 삶을 가장 풍요롭게 하는 정체는 무엇일까? 마키아벨리는 『군주론』에서와 달리 공화국에 대해 다루는 『리비우스 논고』에서 혼합정체를 강조한다. 혼합정체의 시대적 위상을 제대로 파악하려면 고대의 논의들을 총망라하면서 철학적 차원까지 도입한 책을 살펴보는 것이 좋다. 마키아벨리는 정치학과 윤리학을 구분하지만, 그가 참고한 고대 문헌을 거슬러가면 정치학과 철학을, 정치학과 윤리학을 통합한 논의가 펼쳐지기 때문이다.

이런 차원을 총체적으로 담고 있는 고전이 아리스토텔레스의 『정치학』이다. 아리스토텔레스는 플라톤의 『국가』에 등장하는 철인정치와 이상국가를 비판하기 위해 『정치학』의 논의를 시작한다. 철학자가 왕이 되는 군주정과 유사한 철인정치를 비판하기 이전에 아리스토텔레스는 자녀와 재산을 공유하는 플라톤의 이론이 지닌 맹점과 허구성을 통렬하게 지적한다. 아리스토텔레스는 이상 국가와 바른 정체를 둘러싸고서 펼치는 당대의 논의들을 섭렵하고, 그 과정에서 군주정, 귀족정, 민주정이 역사에 출현하는 순서와 장단점을 순차로 드러낸다. 가장 현실적이면서 바람직한 정체가 혼합정체가 될 수밖에 없는 근거가 모인다.

시민들은 각기 능력이 다르기 때문에 서로 보완하고 서로 봉사하면서 한 국가로서 통일체를 이루면서 생존할 수밖에 없다. 국가의 안녕은 서로 차이를 인정하고 각기 다른 봉사를 함으로써 더 나은 삶을 실현하는 데에 놓여 있다.

그러려면 능력과 신분의 차이 때문에 발생하는 위계를 극복하는 방법을 강구해야 한다. 통치 질서의 각기 다른 축을 담당하면서 견제와 균형을 발휘하는 혼합정체가 이에 부합한다. 그런데 차이를 반영한다는 발상에 휘둘려서 한 집단이 관직을 독점하면 불평등과 부자유를 당연시하는 질서가 만들어질 수 있다. 그러므로 구성원들은 관직을 1년씩 번갈아가면서 맡고, 지배와 피지배의 위치를 바꾸는 윤번을 기본 전제로 삼아야 한다.

아리스토텔레스는 『정치학』에서 대중보다 뛰어나거나 훌

륭한 측면을 가진 사람이 권위를 지녀야 한다는 주장을 옳은 것으로 인정한다. 그러나 그는 개인적으로 좋은 자질이 없는 사람이라고 해도 그런 사람들을 다수 모아놓으면 좋은 자질을 발휘한다는 점도 강조한다. 그러므로 그들에게 심의나 사법 활동에 참여하는 구조를 만들고 관직을 맡은 사람을 청문회에 세우는 권한을 부여해 신분적 위계를 극복하는 통치 질서를 제도화하면 된다.

세 번째 이정표

『영원한 평화를 위하여』
임마누엘 칸트, 오진석 옮김, 도서출판b, 2011

마키아벨리는 인간의 변덕과 배신을 언급하면서 신생 군주에게 건국을 위해 무자비함을 발휘하는 역량을 갖추기를 요구한다. 그도 인간이고, 영혼이 있고, 이성 능력을 발휘하고, 양심이 있는 근대적 존재인데, 이렇듯 인간의 변덕과 불신을 전면에 내세우면서 군주의 무자비한 처신을 요구해도 되는 것인가?

이런 문제의식이 칸트에게도 나타난다. 칸트는 역사 철학 논문에서 마키아벨리가 토로한 인간의 이중성을 개진한다. 인간은 이성적 영혼뿐 아니라 육체도 있는 존재이기 때문에 육체의 욕망에 휘둘려서 부정의와 부조리를 양산한다. 그래서 욕망을 통제하는 영혼의 이성처럼 시민사회에서 발생하는 갈등과 분쟁을 막아내는 정치학적 장치도 필요하다.

칸트는 「세계시민적 관점에서 본 보편사의 이념」에서 욕망의 충돌이 인간의 행동을 악한 쪽으로 이끌지만 않고 사회에서 일어나는 분쟁과 갈등을 이용해 세계사가 이성적으로 나아가도록 자연이 계획해놓았다고 주장한다. 욕망의 충돌은 반사회적이지만 사회를 발전시키는 경쟁심이 되며, 국가 간의 전쟁도 반역사적이지만 역사를 발전시키는 동력으로 작동한다는 것이다. 전쟁이 발생하면 전쟁의 참혹함을 막아내려고 국제법과 세계시민적 대안을 창출하게 된다. 인류가 영원한 평화에 진입하는 합의를 이루도록 하는 추동력 가운데 하나가 인간의 욕망에서 나오는 갈등과 분쟁이다.

여기에서 관건은 자연의 계획과 이성의 관계를 파악하는 통찰력을 발휘하는 것이고, 그것을 통해 세계사가 평화와 안전을 이루는 국제법과 세계시민법을 제정하는 데로 나아가게 하는 것이다. 한 국가를 평화롭게 하려면 모든 국가가 평화를 실현하는 정치 구조와 법을 정립해야 하고, 세계사에 존재하는 모든 국가가 점차 그런 단계로 진입해야 한다.

그런데 군주가 자국의 안전과 평화를 실현하기 위해 국가의 미래 지향적 이념을 설정하고 추진할 때, 도중에 헛갈리거나 흔들리지 않도록 조언하는 자가 필요하다. 조언자는 정치의 전면에 나서지 않고, 마치 자연의 계획처럼 보이지 않는 추동력이 되어야 한다. 칸트는 『영원한 평화를 위해』에서 군주가 다른 나라와 맺는 예비 조항과 확정 조항 이외에도 철학자의 조언에 귀를 기울이는 비밀 조항을 추가하기를 권한다. 각 나라의 군주들은 이런 통찰을 해내는 철학자의 관점을 참고해 평화와 안전을 이루는 방향으로 나아가야 한다.

여기에서 칸트는 도덕법을 실천 일반에 적용하는 과정에서 정치학에도 도덕법을 관철할 수 있는지를 타진하고 있는 것이기도 하다. 그는 더 이성적이고 평화로운 사회가 되려면 문명화와 동시에 도덕화가 일어나야 한다고 생각하기 때문이다.

네 번째 이정표

『루이 보나파르트의 브뤼메르 18일』
카를 마르크스, 최형익 옮김, 비르투출판사, 2012

고대 역사에 기록되어 있는 인간들의 관계 방식과 동맹 구조를 분석하면, 마키아벨리의 사례에서처럼 인간의 행동 양식을 일반화할 수 있는 측면이 나타난다. 때로는 사악함과 변덕으로, 때로는 공공선을 향한 집단적 연대로 나타나는 인간 본성의 동일성과 유사성도 마키아벨리의 그런 분석을 통해 도출된다.

이런 행동 양식은 생산력과 생산관계라는 과학적 유물론 내지 토대와 상부구조라는 유물사관을 전개하는 19세기 마르크스의 청년기 관심사이기도 하다. 그러나 그는 유물사관을 체계화하면서 점차 인간 본성에 대한 관심사를 후방으로 밀어낸다.

그러나 자신의 계급적 이해관계와 배치하는데도 하층민이 탐욕스러운 권력 집단에게 동조하는 현상이 왜 일어나는지에 대한 의구심은 마르크스에게도 항상 남아 있었다. 그래서 마르크스는 유물사관의 정당성을 입증하는 사례이면서 동시에 하층민이 계급적 이해관계에 배치하는 행동을 하는 사례를 프랑스의 왕정복고와 관련해 논의를 펼치는 『루이 보나파르트의 브뤼메리 18일』에서 제시한다.

프랑스에서는 시민들이 프랑스혁명을 거치면서 보통선거권을 획득했고, 그와 더불어 왕정도 폐지하고 나폴레옹을 몰락시키는 혁명도 이루어냈다. 그런데 어렵사리 획득한 보통선거권을 활용해 오히려 자신의 선거권을 폐지하게 만들거나, 폐지한 왕정을 복고하는 역설적 행위가 1850년대 프랑스의 정치적 상황에서 펼쳐진다. 마르크스는 『루이 보나파르트의 브뤼메리 18일』에서 이 부분에 집중한다.

프랑스에서 왕정이 폐지되었음에도 불구하고, 1850년대의 복잡한 정치 지형을 활용해 나폴레옹의 조카인 보나파르트가 단지 나폴레옹의 조카라는 이유 하나로 다시 황제로 선출된다. 당시에는 정치 지형을 달리하는 각종 혁명파와 반동파가 복잡하게 전선을 형성하고 있었는데, 그들이 상호작용을 하면서 전통 질서를 해체하고 부르주아 계급이 형성되고 더불어 프롤레타리아 계급도 확산한다. 프랑스에서 농민 계급이 몰락하고 억압받는 노동자 계급으로 대거 전락한 것은 나폴레옹이 토지

분할을 통해 확립한 소유 형태 때문이다.

그런데 1850년대를 기점으로 하층 노동자들이 보통선거권을 폐지하는 선거법에 찬성하는 투표를 했고, 그것에 탄력을 받은 보나파르트가 국민의회와 극렬하게 투쟁하기 시작한다. 보나파르트는 단지 나폴레옹의 조카에 지나지 않았는데, 나폴레옹 황제처럼 가면을 쓰고 어릿광대 노릇을 한다. 황제 가면을 쓰고 벌이는 정치적 연기를 통해 마치 나폴레옹이 유령처럼 되살아온 효과를 일으킨다. 황제 가면을 쓴 조카의 어릿광대 놀이에 하층민이 놀아나는 이유는 무엇일까? 한국에서도 그렇게 가면을 쓴 어릿광대에게 놀아나서 자신의 계급적 이해관계와 배치하는 투표를 하는 일들이 일어난다.

다섯 번째 이정표

『마키아벨리의 가면』
루이 알튀세르, 오덕근 · 김정한 옮김
이후, 2001

이탈리아에서 서로 적대 관계에 있는 무솔리니와 그람시는 마키아벨리의 『군주론』을 자신들의 사상적 기반으로 천명한다. 알튀세르는 무솔리니와 대적하는 그람시에게 주목한다. 왜냐하면 그람시가 『현대군주론』에서 마키아벨리는 군주를 옹호하는 것이 아니라 실제로는 억압받고 있는 인민들을 위한 정치적 선언을 한 것이라고 해석하기 때문이다.

알튀세르는 마키아벨리와 그람시가 근대와 현대라는 간극에도 불구하고 인민을 억압에서 해방한다는 공동의 목표를 향해 나아가지만, 그람시의 현대적 군주는 착취당하는 노동자 계급의 전위 정당이라는 점을 강조한다. 마키아벨리는 상업 자본주의가 일어나는 시점에 국민국가의 건설을 다급하게 요청하는 데 반해, 그람시는 이미 이탈리아 국가가 형성된 이후에 무솔리니에게 대적하면서 무계급 사회로 이행하는 마르크스-레닌주의적 프롤레타리아 정당을 꿈꾸는 혁명가의 정치적 수단을 찾는다는 점에서 다른 지향점이 작동한다.

이런 내용들을 알튀세르는 마키아벨리에 대한 강의를 진행하면서 초고로 작성한다. 그러나 강의 초고가 사라졌기 때문에, 그 뒤로 10여 년이 지난 나음에 새로 작성한 『마키아벨리와 우리』를 출판한다. 그 책이 한국에서 『마키아벨리의 가면』으로 번역된다.

그런데 알튀세르는 강의를 하면서 자신이 강의를 하는 것이 아니라 마키아벨리가 알튀세르의 가면을 쓰고 강의를 한다는 식의 태도를 취한다. 알튀세르가 그만큼 마키아벨리와 사상적 동질성과 연대성을 느낀다는 의미다. 본인의 얼굴과 가면을 전도할 만큼 알튀세르가 강력하게 느끼는 동질적 내용이 도대체 무엇일까?

알튀세르가 판단하기에 마키아벨리는 사물을 다룰 때 사물의 '가상'이 아니라 사물의 본질이나 현실적 진리를 있는 그대로 표상하게 만드는 자다. 마키아벨리는 사물의 객관적 진리를 도입하듯이 정치학의 본질적 진리를 드러내려고 했기 때문이다. 소위 15세기 피렌체에 만연한 정치의 이데올로기를 벗겨내고 정치의 본질적 진리를 구축하고자 한 사람이 마키아벨리라는 것이다. 그런 관점에서 알튀세르는 군주정이나 계급 질서를 옹호하는 마키아벨리보다는 정치학의 본질과 관련되는 모든 이데올로기를 통째로 지적하는 마키아벨리라는 식으로 『군주론』을 재해석한다.

여섯 번째 이정표

『전쟁은 여자의 얼굴을 하지 않았다』
스베틀라나 알렉시예비치, 박은정 옮김
문학동네, 2015

러시아의 푸틴 대통령은 우크라니아에 대한 도발을 반복해서 감행해왔다. 2022년에 들어 우크라이나의 젤렌스키 대통령이 나토 가입에 대한 의지를 강경하게 내비치면서 러시아의 일방적 공격이 시작되었고, 몇 개월 동안 장기전과 확전이 지속된다. 왜 푸틴은 부당한 공격을 퍼붓고 있는가? 그는 마키아벨리가 살던 시대처럼 영토 확장과 세계 정복욕을 주체하지 못하는 것일까?

세계사를 거슬러가면 러시아는 서쪽 지역의 대평원을 거쳐서 서유럽 나라들이 일방적으로 러시아를 공격한 과거 역사에 대한 트라우마가 있다. 하나로 통합된 세계 제국을 꿈꾼 알렉산드로스, 민족국가를 지향한 나폴레옹, 아리안족의 우수성을 과신한 범민족주의자인 히틀러에 의해 공격받은 러시아의 과

거사가 존재한다. 푸틴은 2차 세계대전을 벌인 히틀러의 독일군에게 부친이 살해당하고 선친들이 고통을 받았다.

2차 세계 대전이 끝날 때까지 당시의 소비에트연합은 독일군의 공격에 저항하기 위해 각지에 흩어져 있는 무수한 민족들이 단합했다. 소련은 가난과 식량 부족에 시달리는 어려운 상황이었지만 파병을 자원하는 젊은이들의 열기로 들끓었다.

이때 소련의 어린 여성들 가운데서도 많은 수가 파병 군인으로 자원한다. 십대의 여군들은 단지 간호사나 조리사로만 활동지 않고 적진 깊숙이 침투해 소총수로, 지뢰를 설치하거나 제거하는 전문가로, 남자 군인을 이끄는 전투 대장으로 역할을 한다. 남녀가 동등하게 군사 작전을 펼치는 모습에 주눅이 든 독일 군인들이 많았고, 소련 여군들은 독일 지역까지 진출해 2차 대전을 승리로 이끈다.

소련이 독일을 상대로 2차 세계대전에서 승리를 이끌 수 있었던 것은 엄청나게 많은 여자들이 전쟁터에서 활약했기 때문이다. 그런데 여성들이 전쟁터에 활약한 내용들이 기록에서는 완전히 지워졌다. 그래서 벨라루스 출신의 알렉시예비치는 소련의 곳곳을 돌아다니면서 참전한 여자 군인들을 만나 인터뷰를 하고, 그것을 토대로 『전쟁은 여자의 얼굴을 하지 않았다』는 소설을 출판한다.

그런데 진실을 알리기 위해 인터뷰를 하는 과정에서 나타나는 현상은 여자들이 참전 사실을 숨기고 산다는 것이다. 나라를 구하기 위해 자원했지만 여자 군인에게는 색안경을 끼고서 비난을 하거나 인간다운 대우를 해주지 않기 때문이다.

남자와 동등하게 자원하고 승리에 기여했지만, 인정을 받지 못하는 차원을 떠나서 오히려 비난을 받는다는 것이다. 전쟁이 두 얼굴을 지니는 데서 그치지 않고 여자 군인에 대한 평가에서도 두 얼굴이 나타난다. 이 책은 전쟁의 참상과 여자 군인의 활약을 밝혀낸 독보적 책이지만, 왜 그런 평가를 받는지에 대해서는 명확하게 알려주지 않는다.

생애 연보

1469년 5월 3일에 피렌체에서 베르나르도 마키아벨리와 바르톨로메아 디 스테파노 넬리 사이에서 태어나다. 누나(프리마베라, 마르게리타)와 남동생(토토)을 형제로 두다.

1471년 피렌체에 인쇄술이 도입되다. 그 덕분에 아버지는 루크레티우스의 『만물의 본성에 관하여』, 리비우스의 『로마사』, 아리스토텔레스의 『윤리학』, 프톨레마이오스의 『천문학』 등을 서재에 비치하다. 이것들이 마키아벨리의 사상적 기반이 되다.

1474년 9월부터 1487년까지 아버지가 작성한 『비망록』이 1930년대에 발견되다. 아버지는 납세 체납자였고 마키아벨리는 유년기에 경제적으로 어려움을 겪었다고 추정하다.

1476년 5월 6일부터 개인 교사에게서 라틴어 수업을 받다.

1479년 전쟁과 기근으로 피렌체에 전염병이 돌다. 아버지의 전염병을 치료하기 위해 가족 전체가 외가 소유의 전원주택으로 요양을 가다.

1480년 11살짜리 니콜로가 아버지를 따라가서 라 피에타 조합에 가입하다. 이 조합은 종교적 모임이고 지역 상인들과 장인들이 주를 이루다.

1482년 겨울에 피렌체로 돌아오다. 누나들이 결혼하기 시작하다.

1492년 위대한 로렌초를 위한 문집에 세 편의 시를 싣다. 한 편은 로렌초의 셋째 아들 줄리아노에게 바치는 시다.

1494년 위대한 로렌초가 사망한 뒤에 피에로가 집권하지만, 피렌체를 공격하는 프랑스의 샤를 8세와 협상을 잘못한 탓에 메디치 가문이 해외로 추방당하다.

1498년 6월 9일에 피렌체 공화국의 제2서기국 서기장으로 임명되다. 정부 수반은 소데리니이고, 당시 공화국의 화두는 제도 개혁과 피사 탈환이다.

1499년 어머니 바르톨로메아가 사망하다. 신앙심이 깊은 어머니는 성가대에서 활동하고 성가도 집필하다. 마키아벨리는 문학적 재능을 어머니에게서 물려받다.

1499년 5월 보고서 「피사 전쟁 논고」를 정부에 제출하다. 이 보고서를 통해 정치적 분석력과 문장력이 탁월하다는 것을 대내외로 인정받다.

1500년 후반기 내내 프랑스 루이 12세 궁정에 사절로 파견되다. 피렌체에서는 8월에 메디치파와 반메디치파가 대립하다. 12월에 부친이 사망하다.

1501년 가을에 마르에타 코르니시와 결혼하다. 체사레 보르자가 피렌체를 위협하기 때문에, 그를 염탐하는 임무를 띠고 세니갈리아 원정을 따라가다.

1502년 9월에 소데리니가 종신 곤팔로니에레로 선출되고, 피렌체와 동맹을 원하는 체사레와 협상하기 위해 아몰라 궁정으로 떠나는 임무를 10월에 부여받다.

1503년 1월에 체사레와 협상이 결렬되고 귀국길에 오르다. 세니갈리아 사건 보고서 「발렌티노 공이 비텔로초를 죽이는 데 사용한 방법」을 정부에 제출하다.

1504년 프랑스 루이 12세 궁정에 파견되어 향후 동맹 관계의 변화를 파악하다. 1503년 10월 31일에 선출된 교황 율리우스 2세는 체사레 보르자를 12월 5일에 감옥에 가두고, 피렌체와 오랜 우방인 프랑스와의 동맹을 깨고 에스파냐와 동맹을 맺으려 했기 때문이다.

1505년 베네치아가 피렌체를 공격하지만, 용병 대장 에르콜레 벤티볼리오가 섬멸하다. 소데니리는 그에게 피사 공격도 명하지만 마지막에 주춤하는 것을 목도한 마키아벨리는 민병대의 창설을 주장하고 피렌체 외곽에서 농민들을 상대로 모병을 시작하다.

1506년 민병대가 2월 사육제에서 첫 사열식을 거행하면서 시민들의 환호를 받다. 그 여파로 보병대 창설법을 제정하고 「피렌체 군수 및 민병대 9인 위원회」도 신설하다.

1507년 6월에 신성로마제국 막시밀리안 1세가 피렌체를 공격하다. 마키아벨리는 독일로 파견되어 전쟁 부담금을 요구하는 황제의 우유부단함과 독일 군대의 특징을 파악하다.

1509년 5월 20일에 민병대의 활약으로 피사를 탈환하다. 유력시민의 견제 때문에 현장에서 혁혁한 공을 세운 마키아벨리의 이름은 기념비에서 빠지다.

1512년 8월에 율리우스 2세와 동맹을 맺은 에스파냐군이 토스카나를 공격하자 소데리니가 자진 사퇴를 선언하다. 9월에 메디치 가가 과도 정부를 구성하고 민병대와 군사 위원회들을 해체하다.

1512년 11월 7일에 제2서기국 서기장 직에서 해직되다.

1513년 2월 8일에 메디치 가를 공격하는 모의에 연루되었다는 오해를 받아 투옥되다. 3월 초에 메디치 가의 조반니가 교황(레오 10세)으로 선출되면서 마키아벨리는 사면되다.

1514년 대략 1513년 8월부터 시작한 『군주론』을 1월에 완성하다. 『군주론』을 조반니(레오 10세)와 조카 로렌초(피렌체 군주)에게 전달하다. 레오 10세가 12월경에 베토리를 통해 주변 강대국들과의 동맹 문제를 니콜로에게 문의하다.

1514년 메디치 가에서 민병대의 부활 문제를 상의해오자 「민병대론」을 작성하다.

1516년 코시모 루첼라이 정원의 토론에 참석하다. 『리비우스 논고』(1531)를 탈고해 코시모 루첼라이와 자노비 부온델몬티에게 헌정하다.

1520년 줄리오 데 메디치 추기경이 『피렌체사』의 집필을 의뢰하다. 줄리오와의 만남을 로렌초 스트로치가 주선했기 때문에 감사의 표시로 『전술론』(1521)을 그에게 헌정하다.

1526년 피렌체 군주정이 몰락하고 공화정으로 궤도를 전환하다.

1527년 6월 21일에 가족과 친지들이 지켜보는 가운데 사망하다.

1572년 조카 로렌초의 딸이면서 프랑스 왕비인 카트린 드 메디치가 성 바르톨로메오 축제일에 위그노 50만 명을 학살

하다. 마키아벨리의 발상을 따른 것이라는 비난을 받다.

1599년 교황 바오로 4세는 반종교개혁으로 일환으로 『군주론』을 금서로 지정하다.

참고 문헌

• 니콜로 마키아벨리의 저서

『군주론』, 사회과학연구회 옮김, 서명, 1981.

『군주론』, 백상건 옮김, 박영사, 1985.

『군주론』, 허문순 옮김, 일신서적공사, 1987.

『군주론』, 송우 옮김, 여명출판사, 1994.

『군주론』, 강정인 · 김경희 옮김, 까치, 1994/2018.

『군주론』, 신윤곤 옮김, 배재서관, 1997.

『군주론/전술론』, 황문수 옮김, 동서문화사, 1978/2017.

『군주론/전술론(외)』, 이상두 외 옮김, 범우사, 1990.

『로마사 논고』, 강정인 · 김경희 옮김, 한길사, 2003/2020.

『정략론/군주론』, 신상초 옮김, 양우당, 1982.

『만드라골라』, 김진욱 옮김, 동아서원, 1987.

Machiavelli, Niccol, *The Prince*, eds. by Quentin Skinner and Russel Price, Cambridge University Press, 1988.

Machiavelli, Niccol, *Discourse on Titus Livy*, ed. Bernard Crick, Penguin, 1970.

Machiavelli, Niccol, *Chief Works*, trans. Allan Gilbert, Duke University Press, 1965.

• 관련 도서

곽차섭, 『마키아벨리즘과 근대 국가의 이념』, 현상과 인식, 1996.
곽차섭, 『마키아벨리의 꿈』, 도서출판 길, 2020.
국립중앙도서관 도서관연구소, 『르네상스형 인간 마키아벨리』, (주)우일인쇄공사, 2014.
김경희, 『마키아벨리—르네상스 피렌체가 낳은 이단아』, arte, 2019.
김영국, 『마키아벨리와 군주론』, 서울대학교출판부, 1995.
리돌피, 로베르토, 『마키아벨리 평전』, 곽차섭 옮김, 아카넷, 2000.
박홍규, 『마키아벨리, 시민정치의 오래된 미래』, 필맥, 2014.
스키너, 퀜틴 & 월린, 셸던, 『마키아벨리의 이해』, 강정인 편역, 문학과 지성사, 1993.
스키너, 퀜틴, 『마키아벨리』, 신현승 옮김, 시공사, 2001.
알튀세르, 루이, 『마키아벨리의 고독』, 김석민 옮김, 새길, 1992.
알튀세르, 루이, 『마키아벨리의 가면』, 오덕근 · 김정한 옮김, 이후, 2001.
이정은, 「지혜: 법률을 초월하는 철학자」, 『아주 오래된 질문들』, 한국철학사상연구회 · 정암학당, 동녘, 2017.
화이트, 마이클 『평전 마키아벨리』, 김우열 옮김, 이룸, 2006.

EBS 오늘 읽는 클래식
마키아벨리의 군주론

1판 1쇄 발행 2022년 11월 30일

지은이 이정은

펴낸이 김유열 | 지식콘텐츠센터장 이주희
지식출판부장 박혜숙 | 지식출판부·기획 장효순, 최재진
마케팅 최은영, 이정호 | 인쇄 윤석원
북매니저 윤정아, 이민애, 정지현

책임편집 엄윤주 | 디자인 정계수 | 일러스트 최광렬 | 인쇄 재능인쇄

펴낸곳 한국교육방송공사(EBS)
출판신고 2001년 1월 8일 제2017-000193호
주소 경기도 고양시 일산동구 한류월드로 281
대표전화 1588-1580 | 홈페이지 www.ebs.co.kr
이메일 ebs_books@ebs.co.kr

ISBN 978-89-547-7143-6 04100
978-89-547-6188-8 (세트)